Nous ne vivons pas dans la honte

Nous ne vivons pas dans la honte

Comment le sentiment d'appartenance guérit ce que la dépendance brise

sous la supervision de
Ryan Canaday

Les Essentiels Théologiques

©Digital Theological Library 2025
©Bibliothèque théologique numérique 2025

Licence Internationale CC BY-NC-ND 4.0
Ce travail est sous licence Creative Commons Attribution–Pas d'Utilisation Commerciale–Pas de Modification 4.0 Internationale (CC BY-NC-ND 4.0).
Vous êtes libre de:

- Partager — copier et redistribuer le fichier PDF original produit par DTL.

Selon les conditions suivantes:

- Attribution — Vous devez donner le crédit approprié au créateur et à DTL Press.
- Pas d'Utilisation Commerciale — Vous ne pouvez pas utiliser ce matériel à des fins commerciales.
- Pas de Modification — Si vous remaniez, transformez ou créez à partir de ce matériel, vous ne pouvez pas distribuer le matériel modifié.

Library of Congress Cataloging-in-Publication Data Données de catalogage avant publication de la Bibliothèque du Congrès

Ryan Canaday (créateur).
[We Don't Do Shame: How Belonging Heals What Addiction Breaks/ Ryan Canaday]
Nous ne vivons pas dans la honte: Comment le sentiment d'appartenance guérit ce que la dépendance brise / Ryan Canaday

147 + xiii pp. cm. 12.7 x 20.32
ISBN 979-8-89731-957-2 (Print)
ISBN 979-8-89731-211-5 (Ebook)
ISBN 979-8-89731-219-1 (Kindle)

    1. Mouvement de rétablissement — Aspects religieux — Christianisme.
    2. Abus de substances — Aspects religieux — Christianisme.
    3. Action de l'Église auprès des personnes dépendantes

BV4635 .C3613 2025

Ce livre est disponible dans d'autres langues à www.DTLPress.com

Image de couverture produite par l'auteure à l'aide de l'IA

Table des matières

Préface de la série
vii

Préface de l'auteur
xiii

Introduction
1

Chapitre 1
La dépendance est une blessure déguisée en solution
5

Chapitre 2
Les familles en première ligne
17

Chapitre 3
Ce n'est pas un échec moral
31

Chapitre 4
La honte est un tueur
41

Chapitre 5
Parler vrai, sans moraliser

53

Chapitre 6
Enseigner la sagesse spirituelle sans bagage religieux
63

Chapitre 7
L'écoute comme acte radical
73

Chapitre 8
Aider les sinistrés sans jouer les sauveurs
85

Chapitre 9
La langue de l'espoir sans les conneries
97

Chapitre 10
Créer un espace pour la guérison, le rétablissement et la connexion spirituelle
109

Chapitre 11
Espaces d'accueil radical
123

Chapitre 12
Des pratiques qui perdurent
129

Chapitre 13
Rester dans le jeu sur le long terme

Préface de la série

L'intelligence artificielle (IA) bouleverse tout, y compris la recherche et l'enseignement théologiques. Cette série, "Les Essentiels théologiques", vise à exploiter le potentiel créatif de l'IA dans le domaine de l'enseignement théologique. Dans le modèle traditionnel, un chercheur maîtrisant à la fois le discours académique et un enseignement réussi passait plusieurs mois, voire plusieurs années, à rédiger, réviser et réécrire un texte d'introduction, qui était ensuite transmis à un éditeur qui investissait également des mois, voire des années, dans la production. Même si le produit final était généralement assez prévisible, ce processus lent et coûteux a fait exploser le prix des manuels. En conséquence, les étudiants des pays développés ont payé ces livres plus cher qu'ils n'auraient dû, tandis que ceux des pays en développement n'y ont généralement pas eu accès (au coût prohibitif) jusqu'à ce qu'ils soient jetés ou donnés des décennies plus tard. Dans les générations précédentes, le besoin d'assurance qualité – sous forme de génération de contenu, de révision par des experts, de révision et de temps d'impression – a peut-être rendu inévitable cette approche lente, coûteuse et exclusive. Cependant, l'IA bouleverse tout.

Cette série est très différente; Il est créé par l'IA. La couverture de chaque volume indique que l'œuvre a été "créée sous la supervision" d'un expert du domaine. Cependant, cette personne n'est pas un auteur au sens traditionnel du terme. Le créateur de chaque volume a été formé par l'équipe de DTL à l'utilisation de l'IA et l'a utilisée pour créer, éditer, réviser et recréer le texte que vous voyez. Ce processus de création étant clairement défini, permettez-moi d'expliquer les objectifs de cette série.

Nos objectifs:

Crédibilité: Bien que l'IA ait fait – et continue de faire – d'énormes progrès ces dernières années, aucune IA non supervisée ne peut créer un texte de niveau universitaire ou de séminaire véritablement fiable ou pleinement crédible. Les limites du contenu généré par l'IA proviennent parfois des limites du contenu lui-même (l'ensemble d'entraînement peut être inadéquat), mais le plus souvent, l'insatisfaction des utilisateurs à l'égard du contenu généré par l'IA provient d'erreurs humaines liées à une mauvaise conception des messages. Les Presses DTL ont cherché à surmonter ces deux problèmes en recrutant des chercheurs reconnus, dotés d'une expertise largement reconnue, pour créer des ouvrages dans leurs domaines d'expertise et en formant ces chercheurs et experts à la conception des messages IA. Pour être clair, le chercheur dont le nom apparaît sur la couverture de cet ouvrage a créé ce volume: il l'a généré, lu, régénéré, relu et révisé. Bien que l'œuvre ait été générée (à des degrés divers) par l'IA, les noms de nos créateurs scientifiques figurent sur la couverture, garantissant ainsi la crédibilité de son contenu, comparable à celle de tout travail d'introduction que ce chercheur/créateur aurait rédigé selon le modèle traditionnel.

Stabilité: L'intelligence artificielle est générative, ce qui signifie que chaque réponse à une requête est créée de manière unique pour cette demande spécifique. Aucune réponse générée par l'IA n'est exactement identique à une autre. Cette variabilité inévitable des réponses de l'IA représente un défi pédagogique majeur pour les professeurs et les étudiants qui souhaitent entamer leurs discussions et analyses à partir d'un ensemble commun d'idées. Les institutions éducatives ont besoin de textes stables afin d'éviter un chaos pédagogique. Ces livres offrent ce texte stable à partir duquel enseigner, discuter et approfondir les idées.

Accessibilité financière: Les Presses DTL adhèrent à l'idée que l'accessibilité financière ne devrait pas être un obstacle à la connaissance. Chacun a le même droit de savoir et de comprendre. Par conséquent, les versions numériques de tous les ouvrages des Presses DTL sont disponibles gratuitement dans les bibliothèques DTL, et les versions imprimées sont disponibles moyennant un prix modique. Nous remercions nos chercheurs/créateurs pour leur volonté de renoncer aux accords traditionnels de redevances. (Nos créateurs sont rémunérés pour leur travail génératif, mais ne perçoivent pas de droits d'auteur au sens traditionnel du terme.)

Accessibilité: Les éditions DTL souhaitent mettre à disposition de tous, partout dans le monde, des manuels d'introduction de haute qualité et à faible coût. Les ouvrages de cette collection sont immédiatement disponibles en plusieurs langues. Les éditions DTL réaliseront des traductions dans d'autres langues sur demande. Les traductions sont, bien entendu, générées par l'IA.

Nos limites reconnues:

Certains lecteurs pourraient objecter: "Mais l'IA ne peut produire que du savoir dérivé ; elle ne peut pas créer de la recherche originale et innovante." Cette critique est, en grande partie, fondée. L'IA excelle dans l'agrégation, l'organisation et la reformulation d'idées préexistantes, bien qu'elle puisse parfois accélérer et affiner la production de nouvelles recherches. Toutefois, tout en reconnaissant cette limite inhérente, DTL Press souligne deux points: (1) Les textes introductifs n'ont généralement pas pour vocation d'être révolutionnaires dans leur contenu. (2) DTL Press dispose d'autres collections dédiées à la publication d'ouvrages de recherche originale, rédigés selon un processus traditionnel.

Notre invitation:

DTL Press aspire à transformer en profondeur l'édition académique en théologie afin de rendre le savoir plus accessible et plus abordable de deux manières:

En générant des manuels introductifs couvrant l'ensemble des disciplines théologiques, afin qu'aucun étudiant ne soit jamais contraint d'acheter un manuel dans une langue donnée. Nous espérons que les enseignants, où qu'ils soient, puissent utiliser un ou plusieurs ouvrages de cette série comme supports pédagogiques dans leurs cours.

En publiant également des monographies académiques, rédigées de manière traditionnelle, et mises à disposition en libre accès pour un lectorat universitaire avancé.

Enfin, DTL Press est non confessionnelle et publiera des ouvrages dans tous les domaines des études religieuses. Les monographies traditionnelles sont évaluées par des pairs, tandis que la création des livres introductifs générés par IA est ouverte à tout expert disposant des compétences requises pour superviser le contenu dans son champ disciplinaire. Si vous partagez notre engagement envers la crédibilité, l'accessibilité financière et l'accessibilité universelle, nous vous invitons à rejoindre notre initiative et à contribuer à cette série ou à une autre collection plus traditionnelle. Ensemble, nous pouvons révolutionner l'édition académique en théologie.

Avec nos plus hautes attentes,
Thomas E. Phillips
Directeur exécutif de DTL Press

Préface de l'auteur

Certaines des histoires présentées dans ce livre ont été générées à l'aide de l'intelligence artificielle. Elles reflètent un large éventail d'expériences vécues. Toutes abordent les vraies questions, les doutes, les luttes et les désirs profonds qui marquent la vie dans l'addiction et le rétablissement, ainsi que le parcours spirituel. L'utilisation de l'IA de cette manière aide également à protéger l'anonymat tout en racontant fidèlement la vérité du combat.

Les personnes qui luttent contre la dépendance, ainsi que leurs proches qui se battent à leurs côtés, ont souvent l'impression de ne plus tenir qu'à un fil. Il existe un véritable sentiment de désespoir et de perte d'espérance. Les histoires de ces pages expriment cette tension avec honnêteté, mais elles rappellent aussi qu'il existe un chemin pour sortir du chaos. Le désespoir n'a pas le dernier mot.

Dans mon travail, et dans mon propre cheminement de rétablissement, je rencontre régulièrement des histoires semblables à celles-ci.

Ryan

Introduction

"Nous ne faisons pas honte"
"Je m'appelle Ryan. Je suis alcoolique."

C'étaient les mots les plus effrayants que j'aie jamais prononcés. La première fois que je les ai prononcés, ma voix tremblait, mes paumes étaient moites et j'avais l'impression que ma poitrine allait s'effondrer. Je ne voulais pas être dans cette pièce. Je ne voulais pas admettre ce que j'étais devenu. J'étais pasteur, bon sang, comment pouvais-je être celui qui cachait des bouteilles de vodka et passait des nuits blanches? La peur me tournait: que penseraient-ils? Et s'ils ne me laissaient pas rentrer? Comment avais-je pu laisser la situation empirer?

Quand mon tour est venu, j'ai quand même prononcé ces mots. Et dans cet instant fragile, quelque chose a basculé… mais j'étais aussi terrifiée. La peur ne s'est pas dissipée simplement parce que j'avais dit ma vérité. Elle pesait lourdement sur ma poitrine, me rappelant chaque échec et chaque doute. Et si vous avez déjà vécu cela, si vous avez déjà dit la chose dure, admis la vérité dont vous étiez sûr qu'elle vous détruirait, vous connaissez cette peur. C'est le genre de peur qui vous ébranle jusqu'aux os. Et laissez-moi vous dire: vous n'êtes pas fou de la ressentir, et vous n'êtes pas seul. La peur ne disparaît pas du jour au lendemain. Mais nommer la vérité est la première fissure dans l'armure de la honte.

Je me sentais comme Jacob en fuite, fuyant Dieu, mon passé, moi-même. Dans la Genèse, Jacob lutte avec Dieu toute la nuit et, pressé, finit par avouer son nom: "Je suis Jacob." C'est comme si Dieu disait: "Bien." Maintenant, nous pouvons travailler avec la vérité. Le premier matin, j'ai dit: "Je suis Ryan. Je suis alcoolique." C'était comme si je répétais mon nom pour la première fois. C'était comme si Dieu me murmurait: "Bien. Nous avons du travail à faire, mais tu n'es plus seul."

Par la grâce et grâce aux conseils de personnes qui ont refusé de laisser la honte prendre le dessus, je suis sobre depuis le 7 janvier 2013. Dieu m'a débarrassé de l'obsession de l'alcool, mais il ne l'a pas fait par des éclairs ou des discours parfaits. Il l'a fait grâce à des conversations honnêtes, à des personnes imparfaites et à une communauté d'autres toxicomanes et alcooliques en rétablissement qui m'ont fait une place.

C'est pourquoi la communauté de rétablissement FREE existe. Nous avons créé FREE parce que trop de toxicomanes, de proches de toxicomanes et de réfugiés spirituels ont été réduits au silence, honteux, jugés ou privés de leur place. FREE est un lieu où nous brisons le silence de la dépendance, créons un espace de guérison et de rétablissement, et favorisons la connexion spirituelle. Nous ne nous réunissons pas pour pratiquer la religion ou protéger les traditions. Nous nous réunissons parce que personne ne devrait traverser l'enfer seul.

Permettez-moi de m'arrêter ici pour définir un terme que vous entendrez tout au long de ce livre: les réfugiés spirituels. Les réfugiés spirituels sont des personnes malmenées par la religion, blessées, exclues ou humiliées par les communautés religieuses. Ils ont le sentiment de ne pas avoir leur place dans l'Église, et pourtant, beaucoup aspirent encore à un lien, à la grâce et à un sens profond de leur vie. Certains ne sont pas partis par colère, mais par hypocrisie, jugement ou silence. Ils cherchent Dieu, mais sont terrifiés par les lieux qui prétendent le représenter.

Ce livre s'adresse à quatre groupes de personnes:
- Le toxicomane qui cherche désespérément une issue mais qui est terrifié à l'idée de dire sa vérité.
- L'être aimé d'un toxicomane qui a pleuré, négocié et crié au plafond, se demandant si quelque chose changerait un jour.
- Le réfugié spirituel qui a été blessé par la religion, ou qui n'a jamais mis les pieds dans un espace de foi mais qui aspire à quelque chose de plus grand que la douleur.
- Le leader qui souhaite avoir des conversations franches, mais ne sait pas par où commencer. Vous souhaitez aimer les toxicomanes, leurs familles et les réfugiés spirituels, mais vous avez peur de dire quelque chose de mal ou de ne pas avoir de réponses.

Vous ne trouverez pas ici de réponses simples. Vous y trouverez des discussions crues sur la dépendance et la honte, la communauté et la grâce, la nécessité de poser des limites, le doute, le rire, les larmes et les secondes chances. Vous y trouverez des histoires de FREE: des ovations debout pour des personnes brisées, des tasses de café qui sauvent des vies, et des samedis soirs où des toxicomanes en voie de guérison, des parents épuisés et des personnes en quête de spiritualité se côtoient. Mais vous y trouverez aussi des histoires plus authentiques que FREE, des aperçus authentiques et bruts des combats que mènent les personnes dépendantes, de la douleur de leurs proches et du courage discret qu'il faut pour persévérer quand rien ne semble changer. Ces histoires ne sont ni aseptisées ni inoffensives; elles sont réelles parce que ce combat est réel.

Ce que vous tenez entre vos mains n'est pas seulement un livre. C'est une invitation. Une invitation à se libérer du poids écrasant de la honte. À sortir du silence. À oser une conversation franche. À construire des espaces où la grâce prime sur le jugement.

Voici ce que je sais: Dieu n'est pas menacé par vos questions. Il n'est pas rebuté par votre ruine. Il ne se tient pas à distance, les bras croisés, attendant que vous vous ressaisissiez. Il est déjà là, courant vers vous à travers le désordre, à travers les décombres, murmurant: "Tu n'es pas seul. Tu as toujours été à ta place."

Alors venez tels que vous êtes, ceux qui sont brisés, en quête, en colère, lucides, en rechute, pleins d'espoir, sceptiques. Parlons ensemble de ce qui nous afflige. Choisissons la connexion plutôt que l'isolement. Choisissons la grâce plutôt que la honte. Car voici la vérité qui résonnera à chaque chapitre de ce livre et dans chaque recoin de FREE: nous ne pratiquons pas la honte.

Chapitre 1
La dépendance est une blessure déguisée en solution

La douleur sous la surface

L'addiction ne s'invite pas dans la vie avec un nom. Elle s'installe discrètement, parfois sous couvert de soulagement, parfois déguisée en célébration. Pour beaucoup, le premier verre, ou la première dose, est comme une bouffée d'oxygène après des années d'étouffement. Ça marche, au début. L'anxiété s'atténue. La honte s'apaise. La solitude s'atténue. Ce qui était initialement un soulagement devient une routine. La routine se durcit en besoin. Le besoin devient une cage. L'addiction est rarement liée à la substance elle-même. Il s'agit d'une douleur, d'une blessure sous-jacente, qui exige d'être apaisée.

L'addiction ne fait pas de discrimination. Elle s'infiltre dans tous les codes postaux, comptes bancaires et traditions religieuses. Elle touche ouvriers et PDG, fidèles et sceptiques spirituels, parents et enfants. Elle ne se soucie ni de votre CV, ni de votre moralité, ni de la taille de votre maison. L'addiction est une voleuse d'opportunités, et cette vérité brise le mythe selon lequel "les gens comme nous" sont à l'abri de son emprise.

Et à l'addicte qui lit ceci: je vois la guerre que tu mènes. Les nuits à fixer le plafond à 3 h du matin, le cœur battant comme un tambour impossible à faire taire. Les matins où tu jurais qu'aujourd'hui serait différent, pour finalement voir la bouteille ou l'aiguille gagner à nouveau à l'heure du déjeuner. Les miroirs que tu as évités parce qu'ils te racontent une histoire que tu ne supportes pas d'affronter. Les supplications silencieuses que tu as proférées, implorant Dieu, l'univers, quiconque pourrait t'écouter, de mettre fin à tout cela. C'est comme se noyer à la vue de tous, comme crier sous l'eau tandis que le monde continue de défiler. Ce n'est pas de la faiblesse ni un manque d'amour pour ta famille. C'est une lutte brutale et acharnée pour ta vie. Et même si tu te sens invisible, ton combat est visible, et tu n'es pas seul.

Et à l'être cher du toxicomane: vous connaissez aussi ce combat, n'est-ce pas? Vous avez arpenté les étages à 2 heures du matin, répétant les mots parfaits qui pourraient enfin vous faire vibrer. Vous êtes passé devant des bars ou des motels miteux, scrutant le parking à la recherche de leur voiture, l'estomac noué. Vous avez fixé votre téléphone, espérant qu'il sonne, sans savoir si le silence était synonyme de sécurité ou de désastre. Vous avez pleuré sous la douche pour que personne ne vous entende, crié dans les volants et arboré un sourire au travail, le cœur brûlant. Vous avez prié des prières qui ressemblaient davantage à du marchandage qu'à de la supplication, et vous avez maudit Dieu alors que rien ne changeait. Vous portez leur chaos en vous: la mâchoire serrée, la respiration saccadée, l'épuisement incessant. Ce n'est pas seulement leur guerre; c'est devenu la vôtre. Et vous ne vous sentez pas faible de vous sentir brisé. Vous êtes un guerrier qui garde espoir pour eux, même lorsque vos mains tremblent.

Derrière cette douleur se cache souvent quelque chose d'encore plus profond: la déconnexion spirituelle. C'est ce vide où nous nous sentons coupés de tout ce qui a du sens, de Dieu, des autres, de nous-mêmes. L'addiction témoigne souvent de cette déconnexion spirituelle, d'une tentative désespérée de combler un vide que les substances ne peuvent combler. L'objectif n'est pas seulement d'arrêter de consommer, mais de retrouver le chemin de la connexion, de la vie, de l'amour, de la présence.

Le mythe que nous nous racontons

Nous avons soif d'histoires simples sur des souffrances complexes. Elles sont belles. Elles nous permettent de prétendre que le monde est juste et gérable. Alors, face à la dépendance, nous répétons des mythes qui semblent rassurants, mais ce sont des mensonges qui nous empêchent de voir la réalité. Ces mythes ne font pas que déformer la réalité, ils dressent des murs entre nous et la guérison. Ils nous permettent de pointer du doigt plutôt que de tendre la main. Ils nous permettent de rester à l'aise plutôt que d'affronter l'inconfort d'une vérité confuse. En nous accrochant à ces mythes, nous cessons de nous poser des questions plus profondes. Nous cessons d'écouter. Nous nous éloignons des personnes qui souffrent. Et, peut-être plus dangereux encore, nous nous privons de la compassion, celle-là même qui peut briser le pouvoir de la honte et amorcer le travail de restauration. Si nous voulons guérir, en tant qu'individus, familles et communautés, ces mythes doivent tomber.

Mythe n°1: La dépendance touche d'autres personnes.

On se dit que c'est l'homme sous le pont ou la femme dont la photo d'identité judiciaire fait la une des journaux. Mais la dépendance s'invite dans les salons avec les photos de famille accrochées aux murs. Elle s'infiltre dans les cuisines de banlieue, les bureaux d'angle et les bancs d'église. Elle ne vérifie ni les tranches de revenus ni les registres d'assiduité du dimanche. Prétendre que la dépendance est loin nous protège de sa proximité, voire de ses traces dans nos propres familles.

Mythe n°2: La dépendance est un échec moral.

Il est plus facile de croire que les gens boivent ou consomment par faiblesse ou imprudence. S'il s'agit simplement de mauvais choix, nous n'avons pas à affronter la dure réalité: la dépendance reprogramme le cerveau. Elle perturbe les voies dopaminergiques et la prise de décision. Elle se nourrit du traumatisme, du stress et de la honte. Qualifier cela d'effondrement moral peut nous donner un sentiment de vertu, mais cela laisse les blessés abandonnés.

Mythe n°3: Si vous nous aimiez vraiment, vous arrêteriez.

Ce cas dévaste les familles. Il suggère que la consommation continue est synonyme de manque d'amour. Or, la personne qui boit ou consomme aime souvent ardemment son entourage, et pourtant, l'amour seul ne suffit pas à vaincre un cerveau pris dans un cycle envie-soulagement-honte. Elle ne choisit pas la bouteille ou l'aiguille au détriment de sa famille. Elle est en train de perdre une guerre intérieure que la plupart des gens extérieurs ne voient pas.

Mythe n°4: Si votre foi était suffisamment forte, cela n'arriverait pas.
Certaines églises ont prêché ce mythe, transformant la prière en performance et Dieu en comptable cruel. Les réfugiés spirituels portent des cicatrices à force d'entendre: "Priez plus fort" ou "Confessez-vous davantage". Lorsque la guérison ne vient pas instantanément, ils s'en vont en croyant que la grâce a des limites. Mais l'échec ne leur est pas imputable, c'est le mythe lui-même. La grâce n'abandonne pas les gens dans des centres de désintoxication ou des ruelles sombres. La grâce n'exige pas la perfection avant d'offrir son amour. Ces mythes persistent parce qu'ils sont réconfortants. Ils simplifient le monde, clarifient les reproches et maintiennent la distance. Mais la réalité est plus complexe et bien plus porteuse d'espoir. La dépendance n'est pas un verdict sur la valeur d'une personne. C'est un signal d'alarme de douleur et un appel à la compassion. En démantelant ces mythes, nous ouvrons la voie à des conversations honnêtes, à un meilleur soutien et à une communauté capable de sauver des vies.

Histoire
La table de la cuisine
Un mardi soir pluvieux, Megan était assise à sa table de cuisine, les yeux rivés sur la chaise vide de son

fils. Il avait vingt-huit ans, était un brillant guitariste et avait déjà fait une cuite depuis deux mois. Elle se murmurait le vieux refrain: "S'il m'aimait vraiment, il arrêterait." Il était plus facile d'y croire que d'admettre son impuissance. Plus facile que d'affronter la peur que rien de ce qu'elle dirait ne le fasse revenir sobre. Des semaines plus tard, elle se retrouva à une réunion de rétablissement ouverte, entraînée par une amie qui lui avait dit: "Assieds-toi et écoute." Un homme d'âge mûr, les mains tremblantes, prit la parole: "J'aimais ma famille plus que ma propre vie. Mais quand l'envie m'a prise, l'amour n'a pas suffi à m'arrêter. Je ne préférais pas la bouteille à mes enfants, j'étais en train de me noyer et je ne savais pas nager."

Megan sentit le mythe se fissurer. Des larmes coulèrent, non pas de honte cette fois, mais de soulagement. Pour la première fois, elle voyait son fils non pas comme un traître, mais comme un homme blessé enfermé dans une cage que son esprit avait construite. Elle ne pouvait pas briser les barreaux pour lui. Mais elle pouvait commencer à l'aimer sans le mensonge qu'il lui faisait boire. Elle pouvait chercher du soutien, apprendre à poser des limites sans reproche et lui parler avec compassion plutôt qu'avec accusation. Ce soir-là, Megan ne reçut pas d'appel miracle. Son fils ne franchit pas la porte sobre. Mais quelque chose en elle changea. Le naufrage était toujours présent, mais l'espoir aussi.

Pourquoi nommer la blessure est important

On ne peut guérir ce qu'on refuse de nommer. Prétendre que la dépendance n'est qu'une "simple phase" ou une "succession de mauvais choix" emprisonne tout le monde, celui qui consomme comme ceux qui l'aiment. Le déni est séduisant car il procure un réconfort temporaire. Mais chaque jour passé à nier est un jour où la blessure s'envenime. Nommer la blessure ne signifie pas qualifier quelqu'un de désespéré ou excuser un comportement destructeur. Il s'agit de dire la vérité dans un monde qui se nourrit de demi-vérités. En nommant la dépendance pour ce qu'elle est, une blessure profonde enveloppée de produits chimiques et de désirs, on déplace le champ de bataille. Au lieu de combattre la personne, on combat le désespoir. Au lieu de faire honte au toxicomane, on fait honte à la stigmatisation.

"Nous ne sommes malades que dans la mesure où nos secrets le sont."

Les familles évitent souvent de nommer leur blessure par peur: peur que dire "addiction" à voix haute la rende réelle, peur des ragots, peur de voir l'espoir s'effondrer. Mais le silence ne protège pas l'espoir. Il l'affame. Dire la vérité: "Mon partenaire boit à nouveau", "Ma fille consomme", brise le secret. Cela ouvre la porte à des groupes de soutien, des thérapies, des centres de rétablissement et des prières sincères qui ne prétendent pas que tout va bien. Nommer la blessure permet à toutes les personnes concernées de respirer, même lorsque l'air sent encore la fumée. Pour les réfugiés spirituels, nommer la blessure est encore plus compliqué. Nombreux sont ceux qui se sont entendu dire qu'admettre sa dépendance revient à admettre un échec personnel ou une faiblesse spirituelle. Se réapproprier sa voix, dire: "C'est de l'addiction, et ce n'est pas mon effondrement moral", est un acte de rébellion contre les mythes qui vous ont fait du mal.

Le chemin vers l'espoir

L'espoir n'est ni un coup de foudre ni un témoignage parfait. Il n'explose pas dans votre vie comme un feu d'artifice, ni n'arrive envelopper de certitude. Pour de nombreux toxicomanes et leurs proches, l'espoir semble impossible, comme une langue dont on a oublié le langage. Peut-être lisez-vous ceci en vous demandant si rien ne pourra jamais changer. Peut-être avez-vous enterré des amis, rompu des promesses ou coupé des ponts, et craignez-vous que l'espoir soit pour les autres. Écoutez bien ceci: votre histoire n'est pas terminée. L'espoir ne défoncera peut-être pas la porte, mais il se glissera discrètement dans les fissures si vous le laissez faire. Il se manifeste par de petites choses insignifiantes qui sauvent des vies: la voix tremblante qui appelle à l'aide, le texto inattendu qui dit: "Je pense à toi", l'étranger qui voit votre douleur et ne détourne pas le regard. Pour le toxicomane qui s'accroche à peine, l'espoir n'est pas qu'un concept, c'est de l'oxygène. Pour l'être cher épuisé et effrayé, c'est le fil ténu qui vous éloigne du désespoir. Ce n'est pas une récompense pour ceux qui le méritent, mais une bouée de sauvetage pour ceux qui sont désespérés. Même ici, dans les décombres, l'espoir continue de vous atteindre.

"Un jour à la fois."

L'espoir grandit en communauté. L'isolement nourrit la dépendance. Les liens la privent. Il ne s'agit pas de faire semblant que tout va bien ou de tolérer le mal. Il s'agit d'être présent avec honnêteté, désordonné, effrayé, mais présent. Les réunions de rétablissement, les cercles thérapeutiques, les amis de confiance, et même les inconnus aux gobelets en carton tachés de café, deviennent des espaces sacrés lorsque chacun choisit d'être présent et de dire la vérité. L'abandon est la porte paradoxale. Non pas l'abandon à la défaite, mais l'abandon à la réalité: "Je ne peux pas contrôler ça tout seul." Ce n'est pas pour rien que la première étape des 12 Étapes. Le contrôle est la drogue sous-jacente à la drogue. Les familles tentent de gérer les conséquences, les toxicomanes tentent de gérer leurs envies, et tous finissent par s'épuiser. L'abandon ne garantit pas un changement immédiat, mais il crée les conditions propices au changement. Il brise la cage de l'esprit, laissant entrer la lumière. Pour les réfugiés spirituels, l'espoir naît souvent de sources inattendues: la gentillesse d'un voisin, un slogan de rétablissement griffonné sur le mur d'une salle de bain, un moment de calme dans la nature. Cela ne ressemble peut-être pas à la foi que vous avez abandonnée, mais cela ne la rend pas moins sacrée. L'espoir n'est pas une récompense lointaine pour les parfaits. C'est un compagnon présent pour les brisés. En avançant dans ce livre, vous découvrirez que l'espoir n'est pas un chemin linéaire et sans détour. Il zigzague à travers les rechutes, les déceptions, les rires et les petites victoires. Il faut du courage pour continuer à être présent, à parler et à privilégier la connexion au silence. Même ici, au milieu des décombres, l'espoir est vivant et il parle de vie si nous sommes prêts à l'écouter.

L'histoire de Megan n'est pas unique. C'est la réalité silencieuse derrière d'innombrables portes closes. Derrière chaque personne aux prises avec une substance se cache un réseau de parents, de partenaires, de frères et sœurs et d'amis qui retiennent leur souffle, négocient avec Dieu ou ressasser des disputes. La dépendance ne blesse pas seulement celui qui boit ou consomme. Elle sème la douleur dans tout le cercle. Et trop souvent, on conseille aux familles de se porter secours sans réfléchir ou de se détacher complètement, comme si c'étaient les seules options. Mais il existe une autre voie: aimer intensément sans se perdre. Dans le prochain chapitre, nous explorerons le chaos que la dépendance crée pour les familles et explorerons comment elles peuvent trouver leur propre guérison, même lorsque l'issue reste incertaine.

Questions de réflexion pour le chapitre 1

Démystifier votre propre histoire: Parmi les mythes sur la dépendance ("Ça arrive aux autres", "C'est un échec moral", "Si tu nous aimais, tu arrêterais" ou "La foi aurait dû régler ce problème"), quels sont ceux que vous avez crus ou dont vous avez parlé? Comment le fait de vous accrocher à ce mythe a-t-il influencé votre attitude envers vous-même ou envers un être cher?

Face à la blessure: Quand vous pensez à la métaphore de l'addiction comme "une blessure déguisée en remède", quels souvenirs, sentiments ou expériences personnelles cela évoque-t-il en vous? Où le déni ou le silence vous ont-ils empêché (ou votre famille) de nommer honnêtement cette blessure?

Voir les dégâts sans perdre espoir: L'histoire de Megan ne s'est pas terminée par un appel téléphonique miraculeux. À quel moment de votre vie avez-vous été tenté d'associer résultats immédiats et espoir? Quels petits signes de vie, aussi imparfaits soient-ils, pourriez-vous négliger en ce moment?

Choisir l'abandon plutôt que le contrôle: Le contrôle est appelé "la drogue sous la drogue". Dans quel domaine de votre vie, que vous soyez consommateur ou que vous aimiez quelqu'un qui consomme, l'abandon pourrait-il ouvrir la voie à la guérison ou à la connexion? À quoi ressemblerait l'abandon dans la pratique pour vous aujourd'hui?

Chapitre 2
Les familles en première ligne
Aimer sans se perdre

L'appel téléphonique dont aucun parent ne veut

Linda pliait du linge lorsque le téléphone a sonné. Il était 2 h 13 du matin. Son estomac s'est noué avant même qu'elle ne décroche. La voix à l'autre bout du fil, celle d'une infirmière des urgences, était calme mais ferme. Son fils, vingt-quatre ans, avait été retrouvé inconscient dans les toilettes d'une station-service. Il était vivant, mais à peine. Pendant que l'infirmière parlait, Linda fixait une pile de serviettes propres sur le sol. Quelques heures plus tôt, elle avait imaginé l'avenir de son fils: mariage, enfants, dîners du dimanche. Maintenant, elle ne pensait qu'à: "S'il vous plaît, Seigneur, faites qu'il ne meure pas ce soir."

Sur le chemin de l'hôpital, le mari de Linda serrait le volant si fort que ses jointures en blanchissaient. Aucun d'eux ne parla. Ils avaient déjà prononcé tous ces mots: supplications, menaces, promesses, prières hurlées au plafond. Ils avaient tout essayé pour protéger leur fils: bloquer ses cartes de crédit, surveiller son téléphone, le supplier de retourner en cure de désintoxication. Chaque nouvelle tactique lui semblait comme un coup de balai. À cet instant, Linda réalisa quelque chose qu'elle avait du mal à admettre: son amour ne pouvait pas vaincre son addiction.

Aimer quelqu'un qui se noie

Aimer un toxicomane, c'est vivre sur une ligne de faille. Le terrain change soudainement. Un jour, on reçoit un SMS annonçant qu'il est sobre et plein d'espoir. Le lendemain, silence ou nouvelle crise. Les familles deviennent hyper vigilantes, guettant le danger, répétant leurs discours, élaborant des plans pour sauver quelqu'un qui ne le souhaite pas toujours. Ce choc émotionnel laisse des ecchymoses invisibles.

La culpabilité peut être écrasante. Vous repassez chaque souvenir, cherchant l'erreur qui a déclenché tout cela: la dispute que vous n'auriez pas dû avoir, les signes avant-coureurs que vous avez manqués, le moment où vous auriez dû dire "non". Vous vous demandez si vous êtes un mauvais parent, un mauvais partenaire ou un mauvais frère ou une mauvaise sœur. Vous vous demandez si votre amour n'était pas suffisant. Cette culpabilité s'insinue dans tous les recoins de votre vie, votre travail, vos amitiés, même votre sommeil. Elle vous murmure que si vous les aviez simplement aimés davantage, prié plus fort ou été plus fort, les choses ne seraient pas ainsi.

Avec le temps, aimer la personne dépendante peut devenir une véritable addiction. Vous consultez ses réseaux sociaux à minuit, passez devant des endroits qu'elle fréquente et attendez que votre téléphone s'allume pour vous annoncer des nouvelles, bonnes ou mauvaises, car même les mauvaises nouvelles sont plus agréables que le silence. Vous annulez vos projets de la secourir, de régler ses dettes ou de réparer un autre bazar, car l'idée de ne rien faire vous paraît insupportable. Le soulagement ressenti lorsqu'elle est en sécurité peut être enivrant, et le choc de sa rechute est dévastateur. Sans le vouloir, vous vous mettez à graviter autour de son chaos. Ses hauts et ses bas deviennent les vôtres.

Ce cycle est épuisant et insoutenable. La douleur que vous portez est réelle, vive, incandescente et pesante. Vous avez l'impression qu'elle s'est installée dans votre poitrine, vous coupant le souffle et vidant votre joie. Elle peut briser des mariages, vous isoler de vos amis et vous faire douter de votre propre valeur. Mais sachez que votre douleur n'est pas permanente et qu'elle n'explique pas tout. Il existe une issue, pas une solution miracle ni une solution facile, mais un chemin qui commence par lâcher prise, trouver du soutien et soigner vos propres blessures. Vous n'avez pas à sombrer dans le chaos ni à vous laisser ronger par le désespoir. La guérison est possible pour vous aussi. Vous n'êtes pas brisé au-delà de toute réparation et vous n'êtes pas seul dans ce combat.

Le mythe de la responsabilité totale

De nombreux proches croient secrètement qu'en faisant plus, en priant plus, en aimant mieux, en appliquant des règles plus strictes, ils pourraient guérir. Cette croyance est séduisante, car elle donne l'impression de contrôler un monde qui échappe à tout contrôle. Mais c'est une illusion dangereuse. La responsabilité totale de la dépendance d'autrui peut détruire silencieusement des familles. Elle érode les mariages, dresse les frères et sœurs les uns contre les autres et laisse les parents submergés par la culpabilité.

Ce mythe est souvent alimenté par des messages culturels, voire religieux, qui glorifient le sacrifice de soi: "Les bons parents n'abandonnent jamais", "Un conjoint fidèle ne cesse jamais de se battre", "Si tu l'aimais vraiment, tu le sauverais." Mais sauver quelqu'un n'est pas la même chose que l'aimer. La dépendance n'est pas une équation mathématique où plus d'efforts garantissent une solution. On ne peut pas assister à toutes les réunions à sa place, suivre une cure de désintoxication ou choisir la sobriété à sa place.

Assumer l'entière responsabilité vous enferme dans un cercle vicieux de panique et d'épuisement. Vous risquez d'annuler des projets, de cacher le comportement de votre proche à vos amis ou de vider vos comptes d'épargne pour payer des solutions de fortune, pour finalement ressentir le poids écrasant de l'échec lorsque la rechute survient malgré tout. Ce schéma ne guérit pas votre proche. Il ne fait qu'aggraver vos propres blessures et alimenter le ressentiment des deux côtés. Le ressentiment s'installe lentement: vous commencez à éprouver de l'amertume envers la personne dépendante pour "tout gâcher", et elle commence à vous en vouloir de tout microgérer, alors même qu'elle dépend de votre aide. Cela empoisonne la communication, chaque conversation devient un champ de mines. La personne dépendante peut s'emporter par la colère ou la honte, tandis que l'être aimé devient froid, sarcastique ou renfermé. Avec le temps, la relation peut se définir non pas par l'amour, mais par des reproches non exprimés et une colère silencieuse.

Le ressentiment est un voleur: il vole la tendresse, sape la confiance et isole toutes les personnes concernées. Rompre avec le mythe de la responsabilité totale ne signifie pas cesser de se soucier de l'être aimé ou se détourner de lui. Cela signifie sortir du cercle vicieux qui vous blesse tous les deux. Cela signifie choisir l'honnêteté plutôt que le contrôle, la compassion plutôt que l'amertume. Cela signifie laisser à l'être aimé la possibilité de prendre en charge son rétablissement, tandis que vous prenez en charge la vôtre. Ce changement ne se fait pas du jour au lendemain, mais c'est le premier pas vers des relations fondées sur la dignité plutôt que sur le désespoir.

Les limites ne sont pas une trahison
Les limites sont souvent interprétées à tort comme un rejet ou une punition. En réalité, c'est tout le contraire: elles sont une forme d'amour intense et intentionnelle. Une limite dit: "Je ne disparaîtrai pas dans ton chaos, mais je resterai ici, pleinement moi-même, offrant mon amour sans me perdre."

Fixer des limites n'est pas chose facile. Il est normal de ressentir de la culpabilité, de la peur ou de douter de soi. La plupart d'entre nous n'avons jamais appris à tenir bon sans honte ni colère, et lorsqu'il s'agit d'une personne profondément aimée, cela peut paraître presque impossible. Se débattre avec des limites ne signifie pas que vous êtes faible ou sans amour. Cela signifie que vous êtes humain. Le malaise ressenti est un signe d'affection, et non une preuve que les limites sont erronées.

Sans limites, les familles peuvent devenir le prolongement de la dépendance, cachant mensonges, dettes, excuses ou tolérant le mal. Avec le temps, chacun au sein du foyer se met à vivre en mode survie, esquivant les explosions et portant un fardeau de honte qui ne lui appartient pas.

Des limites saines empêchent la dépendance de consumer toute la famille. Elles tracent des lignes qui protègent la sécurité émotionnelle, physique et financière. Elles envoient également un message puissant et implicite: "Ton addiction ne révèle pas toute ta vérité, mais elle ne peut pas non plus contrôler ma vie."

Exemples de limites en action:

"Je t'aime et je t'écouterai, mais je ne me laisserai pas menacer ou insulter."

"Tu ne peux pas rester ici si tu consommes activement, mais je t'aiderai à trouver un lieu de rencontre ou un abri."

"Je ne te donnerai pas d'argent, mais je viendrai te chercher à la sortie du centre de traitement."

Les limites ne sont pas une trahison. Elles sont une façon d'aimer sans complaisance. Elles créent un espace de responsabilité et de dignité. Elles peuvent d'abord susciter de la colère. Les personnes dépendantes testent souvent leurs limites pour voir si les anciens schémas reviendront. Tenez bon. Avec le temps, les limites peuvent devenir le cadre où la confiance, l'honnêteté et une véritable guérison s'enracinent.

On peut aussi confondre limites et honte. Lorsque vous fixez une limite, celui qui la reçoit peut donner des coups de pied, crier et s'emporter comme un enfant acculé. Il peut vous accuser de l'abandonner ou de ne pas l'aimer suffisamment. Cette réaction fait partie du chaos créé par la dépendance; elle ne prouve pas que vous lui faites honte. La honte dit: "Tu ne vaux rien." Une limite dit: "Tu as de la valeur, mais je ne laisserai pas ton chaos nous détruire tous les deux." Il est essentiel de se rappeler la différence. Fixer des limites est un acte de dignité et d'amour, et non une humiliation ou une condamnation.

Trouver votre propre rétablissement

La sagesse des 12 étapes dit: "Les membres de la famille ont aussi besoin de se rétablir", et c'est vrai. Les groupes comme Al-Anon ou Nar-Anon existent non pas pour soigner la dépendance, mais pour aider les familles à guérir leurs propres blessures. La thérapie, les amitiés de confiance et les pratiques spirituelles peuvent également être une bouée de sauvetage.

Mais les programmes en 12 étapes ne sont pas la seule solution. Il existe d'autres parcours de rétablissement efficaces et significatifs: des communautés confessionnelles, des groupes de soutien laïcs, des modèles axés sur la thérapie et des associations de rétablissement alternatives. L'important n'est pas de trouver le "bon" parcours, mais celui qui vous aide réellement à guérir et à vous connecter. L'essentiel est d'explorer ce qui fonctionne pour vous et votre famille et de garder à l'esprit que vous n'êtes pas enfermé dans une seule méthode.

Pour les réfugiés spirituels, ceux qui ont été blessés par la religion et portent un lourd fardeau, ce cheminement peut être particulièrement compliqué. Nombre d'entre eux se sont entendu dire par les autorités religieuses que leur souffrance résultait d'une foi fragile ou d'un échec moral. Des mots comme "Dieu" ou "Église" peuvent les effrayer, car ils évoquent des blessures plutôt que du réconfort. Pour le réfugié spirituel: votre hésitation est logique. Votre lutte pour la confiance n'est ni une rébellion ni de l'amertume, mais la cicatrice d'un passé douloureux. Ce livre vous voit. Il honore le poids que vous portez et vous invite à rechercher la guérison sans honte ni pression.

Les réfugiés spirituels devront peut-être désapprendre des messages religieux néfastes pour accepter cette aide. On vous a peut-être dit que prendre soin de soi est égoïste ou que l'amour est synonyme de sacrifices sans fin. Mais un amour sain implique de prendre soin de soi. Votre douleur compte. Votre histoire compte. Et vous ne pouvez pas verser l'eau d'une coupe vide.

Parler d'espoir sans illusions

Aimer une personne dépendante, c'est apprendre à accepter deux vérités à la fois: la réalité du désastre et la possibilité d'une rédemption. L'espoir n'est ni une fin de conte de fées ni un optimisme aveugle. C'est la décision silencieuse de croire que le changement est possible, même lorsque les preuves semblent minces. C'est le refus de laisser le désespoir dicter le dernier chapitre.

Le véritable espoir reconnaît les rechutes, les déceptions et les chagrins. Il n'édulcore pas la douleur et n'efface pas les limites que vous devez respecter. Au contraire, il murmure: "Même ici, quelque chose de bon peut encore naître."

Pour les personnes spirituelles mais non religieuses, cet espoir n'est pas une question de dogme. Il est question de connexion. C'est l'étincelle sacrée qui s'allume même lorsque l'on ne fait pas confiance aux églises, aux prédicateurs ou aux réponses toutes faites. Et si vous nourrissez du ressentiment envers la religion ou ceux qui ont utilisé la foi comme arme, votre douleur est légitime. Les blessures que vous ressentez sont réelles. Vous avez peut-être été jugé, exclu ou jugé indigne, et maintenant même des mots comme "Dieu" ou "prière" ont un goût amer sur votre langue. Cette douleur ne vous disqualifie pas de la grâce, elle révèle à quel point vous aspirez profondément à la vérité.

Lâcher prise ne signifie pas faire comme si de rien n'était. Cela n'efface ni la trahison ni la colère. Cela signifie choisir de ne pas laisser le ressentiment devenir la voix la plus forte de votre vie. Parfois, aller de l'avant exige de renoncer à ce qui vous a empoisonné, non pas pour l'excuser, mais pour l'empêcher de vous définir. Vous devrez peut-être abandonner de vieilles images de Dieu, trop petites ou cruelles, celles qui vous disaient que vous ne seriez jamais à la hauteur. Vous devrez peut-être enterrer certains des mensonges qui vous ont été transmis pour que quelque chose de nouveau puisse naître. Ce n'est pas de la faiblesse, c'est un travail courageux et profond.

Le véritable espoir ressemble à ceci:

"Je crois que tu peux te rétablir, même si tu trébuches."

"Je t'aimerai, mais je ne tolérerai pas ton addiction."

"Vous n'êtes pas défini par votre pire jour."

"Même si la religion vous a blessé, Dieu ne vous a pas abandonné; il y a toujours une place pour vous."

"Votre douleur en tant qu'être cher est importante, et vous avez le droit de guérir même pendant que votre proche est encore en difficulté."

Choisir d'aimer férocement et de lâcher prise

Le fils de Linda a survécu à cette nuit-là. Il a rechuté avant de trouver un rétablissement durable. Linda et son mari ont rejoint un groupe Al-Anon, où ils ont appris à cesser de surveiller chaque instant et à prendre soin de leur cœur. Ils ont découvert qu'aimer intensément ne signifie pas se perdre soi-même. Cela signifie faire preuve de compassion sans renoncer à sa raison, être présent sans sacrifier son âme.

La rechute n'est pas une fatalité. Certaines personnes parviennent à se rétablir et ne reprennent jamais leur consommation. Mais la réalité est que, pour beaucoup de personnes aux prises avec une dépendance, la rechute fait souvent partie du parcours. Un revers n'efface ni les progrès ni la valeur. Ce n'est pas une preuve de désespoir. C'est la preuve de la puissance de la dépendance et du soutien et de la persévérance nécessaires à la guérison. Pour les familles, cette vérité est douloureuse. Elle peut être vécue comme une trahison ou un échec. Mais la rechute peut aussi être un enseignement: un rappel que la guérison est rarement linéaire et que l'espoir ne peut pas dépendre uniquement d'une réussite ininterrompue.

Choisir d'aimer intensément et de lâcher prise, c'est se libérer de l'illusion que votre contrôle ou leur performance parfaite déterminent l'avenir. Cette illusion semble sécurisante, telle une bouée de sauvetage dans la tempête; on s'y accroche, car lâcher prise, c'est comme sauter d'une falaise sans parachute. Elle murmure qu'en consultant leurs messages, en fouillant leur voiture ou en proférant la menace appropriée, on peut influencer le cours des choses. Elle promet que votre vigilance suffira à les maintenir en vie. Mais la dure et déchirante vérité est que le contrôle est un mirage. On peut supplier, marchander, surveiller et implorer, et pourtant les voir rechuter. On peut se perdre dans leur chaos sans les sauver. La peur de lâcher prise est réelle et profonde. On a l'impression de les trahir, de les abandonner dans leurs heures les plus sombres. Mais lâcher prise, ce n'est pas abandonner, c'est l'acte courageux de refuser de se noyer à leurs côtés. C'est se tenir sur la rive, le cœur grand ouvert, et dire: "Je t'aimerai, mais je ne sais pas nager pour toi." En relâchant votre emprise, vous faites place à la grâce, à la communauté et à la possibilité qu'ils apprennent à nager seuls. Lâcher prise est terrifiant, mais c'est le seul moyen d'empêcher la dépendance de vous engloutir.

Si vous êtes un parent, un conjoint, un frère, une sœur ou un ami en première ligne, sachez que vous n'êtes pas seul. Vous n'échouez pas parce que vous ne pouvez pas les aider. Votre amour n'est pas vain. Vous pouvez vous soucier profondément d'eux tout en prenant du recul. Et même dans le chaos, même lorsque l'issue est incertaine, il y a de l'espoir, pour eux comme pour vous.

Au fur et à mesure que nous avançons, le chapitre 3 nous emmènera à l'intérieur de l'esprit de la dépendance elle-même: pourquoi ce n'est pas un échec moral mais une obsession de l'esprit, une cage que seuls l'abandon et la connexion peuvent commencer à déverrouiller.

Questions de réflexion pour le chapitre 2

Limites et amour: Pensez à un moment où fixer, ou même envisager, des limites vous a semblé insupportable ou "manquant d'amour". Quelles émotions (peur, culpabilité, colère) cela a-t -il suscitées en vous? Comment le fait de redéfinir les limites comme un acte d'amour plutôt que de rejet pourrait-il changer votre perception de ces limites?

Espoir sans garanties: Repensez à un moment où l'espoir vous a semblé impossible. Qu'est-ce qui vous a aidé à vous accrocher, même faiblement, à l'idée que la guérison ou le changement étaient encore possibles? En quoi le fait de considérer l'espoir comme une décision ferme et sereine plutôt que comme un résultat parfait redéfinit-il vos attentes?

Faire face à la réalité de la rechute: La rechute n'efface pas les progrès, mais sa douleur est bien réelle. Comment concilier le chagrin des revers avec la réalité que le rétablissement est rarement linéaire? Comment réagir à une rechute avec honnêteté et compassion, pour soi-même et pour son proche?

Votre propre cheminement vers la guérison: Réfléchissez à votre propre besoin de guérison, indépendamment des choix de votre proche. Où pourriez-vous avoir besoin de lâcher prise, de chercher du soutien ou de prendre soin de vous? Quelle mesure concrète pourriez-vous prendre cette semaine (rejoindre un groupe, demander de l'aide à un ami ou simplement vous reposer) pour honorer votre propre rétablissement?

Chapitre 3
Ce n'est pas un échec moral
Quand l'esprit devient une cage

L'homme à succès que personne ne soupçonnait

Marcus était le genre d'homme que tout le monde enviait. Un emploi stable, une famille souriante sur les photos de Noël et un poste de bénévole à la banque alimentaire du coin. Il était le genre de gars qui se souvenait des anniversaires et arrivait en avance pour aider ses amis à déménager. Personne ne voyait le whisky caché derrière des pots de peinture dans le garage. Personne ne savait rien des matins où il vomissait sous la douche ni des nuits où il fixait le plafond en se promettant d'arrêter le lendemain. Marcus n'était pas un mauvais garçon. Il n'était ni faible, ni paresseux, ni imprudent. Il se noyait dans une cage construite dans son propre esprit, une cage que personne d'autre ne pouvait voir.

Quand sa femme trouva les bouteilles, ses premiers mots furent: "Comment as-tu pu nous faire ça?" Marcus sentit la honte l'envahir comme un raz-de-marée. Il aurait voulu expliquer qu'il détestait ça lui aussi, que chaque gorgée était à la fois un soulagement et une trahison. Mais la honte lui volait la parole. Comme tant d'autres, il portait en lui la conviction tacite que l'addiction était la preuve de son échec moral.

Le mensonge de l'échec moral

La société aime les histoires claires: les bons font les bons choix et les mauvais les mauvais. L'addiction détruit cette histoire. L'addiction n'est pas un simple choix de faire le mal. Elle n'est pas la preuve d'une faiblesse de caractère ou d'une moralité défaillante. L'addiction est une obsession de l'esprit, une reprogrammation du système de récompense du cerveau qui piège même les personnes les plus fortes, les plus bienveillantes et les plus intègres.

Pendant des générations, l'addiction a été qualifiée de défaut de caractère, de faiblesse ou de choix délibéré d'autodestruction. Nous avons utilisé la honte comme une arme, croyant qu'elle pourrait effrayer les gens et les inciter à changer. Nous avons murmuré à propos de "l'oncle ivre", jasé sur "le junkie du coin" et secoué la tête comme si la supériorité morale de notre désapprobation pouvait apaiser la douleur de quelqu'un. Mais ce mensonge, selon lequel l'addiction est un échec moral, a détruit des vies. Il a enfoncé des gens dans le secret, les a dissuadés de demander de l'aide et les a convaincus qu'ils étaient irrécupérables. La vérité est plus simple et plus dure: l'addiction ne se résume pas à être une mauvaise personne. L'addiction survient lorsqu'un esprit blessé est pris au piège par le désir et la compulsion.

L'échec moral suggère qu'il existe une solution simple: s'améliorer, redoubler d'efforts et résister à la tentation. Mais quiconque a lutté contre une dépendance ou aimé quelqu'un qui l'a vécue sait que ce n'est pas si simple. La personne aimée peut désespérément vouloir arrêter. Elle peut être terrifiée par ce qu'elle fait à elle-même et aux autres. Mais son esprit a été pris au piège. Lui dire d'arrêter, c'est comme dire à quelqu'un enfermé dans une cage de sortir.

Quand l'esprit devient une cage

L'addiction n'est pas seulement une habitude ou une série de mauvaises décisions. C'est une prise de contrôle neurologique. Les substances inondent le cerveau de dopamine, le messager chimique du plaisir et de la récompense. Au début, on ressent un soulagement: l'anxiété s'apaise, la tristesse s'estompe, le vide se comble. Mais avec le temps, le cerveau s'adapte. Les voies normales de la joie et de la motivation s'émoussent, ne laissant qu'une seule porte ouverte: la substance. Ce changement n'est pas un effondrement moral; il est biologique.

À mesure que la chimie du cerveau se modifie, la seule volonté devient comme une clé en papier contre des barreaux de fer. Même lorsqu'on veut vraiment arrêter, le cerveau hurle à la survie: "Achète-toi plus. Fais tout ce qu'il faut." C'est pourquoi certaines personnes risquent leur emploi, leurs relations, voire leur liberté, car leur système nerveux a été reprogrammé pour considérer cette substance comme essentielle à la vie. La cage est invisible, mais ses barreaux sont solides: les envies, les déclencheurs, la peur du manque et la honte profonde qui les convainc qu'ils ne peuvent plus être sauvés.

La cage se resserre encore davantage car l'addiction s'empare de la mémoire et de la prise de décision. L'esprit commence à réécrire la réalité: "Je peux en gérer un seul", "Ce n'est pas si terrible", "Demain, ce sera différent." Ces rationalisations ne sont pas des mensonges conscients; c'est la tentative désespérée du cerveau de justifier ce que sa chimie exige.

Pour les membres de la famille, cela peut être exaspérant. Vu de l'extérieur, cela ressemble à une trahison ou à de l'indifférence. Vu de l'intérieur, c'est comme se noyer en faisant semblant de nager. Marcus l'a un jour décrit ainsi: "Ce n'est pas que je ne me souciais pas de ma famille. Je m'en souciais tellement que ça me faisait mal. Mais mon cerveau se mettait à hurler, et la bouteille semblait être le seul moyen de l'arrêter. Je la détestais même en la prenant."

Comprendre l'addiction comme une cage n'excuse pas les comportements nocifs. Mais cela recadre le combat. Cela déplace l'histoire des mauvais choix d'une personne malsaine vers un esprit malade qui a besoin de guérison et de connexion. Reconnaître la cage est le premier pas vers l'ouverture de sa porte.

Briser le cycle de la honte

La honte nourrit la dépendance. Elle convainc les gens qu'ils ne méritent pas d'aide. Elle leur dit qu'ils ne méritent ni une seconde ni une dixième chance. Mais la vérité est la suivante: on ne peut pas faire honte à quelqu'un pour qu'il retrouve sa plénitude. Et on ne peut pas non plus se faire honte pour qu'il guérisse. La guérison commence lorsque la honte est remplacée par l'honnêteté et la connexion.

Si vous lisez ceci et connaissez le combat de la honte, les promesses d'arrêter tard le soir, les matins où vous juriez que ce jour serait différent, les bouteilles ou les aiguilles cachées où vous juriez que ce serait les dernières, vous n'êtes pas défectueux. Vous n'êtes pas irréparable. La honte veut vous faire taire, car le silence vous maintient prisonnier. Elle vous murmure que vous avez déjà échoué trop de fois pour réessayer. Mais la honte est menteuse. Réessayer n'est pas une faiblesse. C'est défier la voix qui vous dit que vous êtes désespéré.

Certains d'entre vous ont déjà assisté à une réunion ou se sont confiés à un ami, pour finalement reculer devant un nouveau échec. Vous pensez peut-être: "J'ai coupé tous mes ponts." Mais les ponts peuvent être reconstruits. Les personnes qui comptent, celles qui comprennent le rétablissement, savent que la guérison est rarement linéaire. Elles savent que les rechutes et les revers sont inévitables, mais elles savent aussi que le rétablissement est possible. Vous n'avez pas épuisé toutes vos chances.

Briser l'emprise de la honte commence petit à petit. Cela peut être un texto à un ami proche: "Je ne vais pas bien." Cela peut être de se rendre à un groupe de soutien et de ne rien dire au début, se contentant d'écouter. Cela peut même se murmurer sa vérité devant le miroir: "Je ne suis pas mon pire jour. Je ne suis pas mon addiction."

Pour le proche, cela signifie refuser d'utiliser la honte comme une arme. Cela signifie se rappeler que la dépendance n'est pas une preuve d'effondrement moral. Exprimer sa compassion n'excuse pas le mal, mais ouvre la voie au changement. Cela signifie: "Je vois ton humanité même si je ne peux accepter ton comportement."

La honte disparaît à la lumière de la connexion. Vous pouvez vous sentir indigne de cette lumière, mais la valeur n'est pas une condition préalable à la guérison. La connexion n'attend pas que vous soyez parfait. Elle vous rejoint dans les décombres, là où vous êtes.

La dimension spirituelle
Abandon et connexion

Pour les réfugiés spirituels, le mot "abandon" peut sonner comme un piège. La religion a peut-être été utilisée contre vous, instrumentalisant la honte ou exigeant une obéissance aveugle. Mais l'abandon dans le processus de guérison est différent. Il ne s'agit pas de ramper devant un dieu punisseur. C'est un acte de courage: admettre que le contrôle est une illusion et que la guérison nécessite une aide extérieure.

Si vous avez du mal à tenir le coup, ceci est pour vous: abandonner ne signifie pas renoncer à la vie ni se résigner au désespoir. Cela signifie abandonner l'illusion que vous pouvez résoudre ce problème seul. Cela signifie reconnaître la vérité: vous avez été trop épuisé pour dire à voix haute: "J'ai besoin d'aide." Ce n'est pas de la faiblesse. C'est la phrase la plus courageuse que vous puissiez prononcer.

L'abandon peut ressembler à décrocher le téléphone, même si votre fierté vous enjoint de ne pas le faire. Cela peut être d'être assis, les bras croisés, à une réunion de rétablissement, défiant silencieusement quelqu'un de prouver que l'espoir est réel. Cela peut être aussi simple que de s'asseoir sous un ciel sombre et de murmurer à l'univers ou à une puissance dont vous doutez de l'existence: "Rejoignez-moi ici. Montrez-moi la voie à suivre."

Se connecter peut aussi être dangereux lorsqu'on a été blessé, jugé ou abandonné. Risquer de se connecter après une trahison demande un courage incroyable. Mais l'isolement est l'arme favorite de la dépendance. Une simple conversation honnête, un parrain ou une marraine qui répond à votre appel, un ami qui vous accompagne sans vous juger, peuvent ouvrir une brèche dans l'obscurité. Nul besoin d'adhérer à une église ou d'adopter les croyances d'autrui pour se connecter. Il suffit de faire un petit pas hors de l'ombre et vers un autre être humain.

Si vous lisez ceci et pensez avoir déjà échoué trop de fois pour réessayer, sachez que vous n'êtes pas hors d'atteinte. L'effondrement ne marque pas la fin de votre histoire. L'abandon et la connexion ne sont pas une question de perfection. Ils consistent à refuser de disparaître, même lorsque la honte et l'épuisement vous poussent à abandonner. L'amour, la grâce et l'esprit humain partagé sont toujours plus grands que vos pires moments, et ils vous attendent, même ici, même maintenant.

L'espoir au-delà de la cage

Imaginez: un homme qui se réveillait autrefois les mains tremblantes se réveille maintenant au son du rire de sa fille qui résonne dans le couloir. La même cuisine où il cachait autrefois des bouteilles est désormais l'endroit où il prépare des crêpes le samedi matin. Voilà à quoi peut ressembler la vie hors de la cage.

L'espoir ne ressemble pas toujours à un feu crépitant. Parfois, c'est une étincelle fragile qu'on perçoit à peine à travers la fumée. Vous pourriez manquer d'espoir en ce moment, vous pourriez même vous sentir engourdi ou convaincu que l'espoir est pour les autres. Mais l'espoir est réel, même quand on ne le ressent pas. Il agit silencieusement là où on ne le voit pas encore: dans le cerveau capable de guérir et de se reconstruire, dans les relations qui peuvent être réparées, dans un avenir qu'on ne peut pas encore imaginer. L'espoir est têtu comme ça. Il survit à votre incrédulité.

La vie hors de la cage n'est pas parfaite, mais elle est profondément différente. Hors de la cage, les matins peuvent apporter la paix plutôt que la panique. La confiance, une fois brisée, peut lentement se reconstruire. Le rire peut revenir dans des pièces silencieuses depuis des années. Vous commencez à vous souvenir de la joie sans le brouillard de la honte ni le raccourci chimique d'un verre ou d'une drogue. Les moments simples, tenir la main de votre enfant, partager un repas sans peur, se réveiller sans regret, deviennent sacrés. Hors de la cage, vous êtes libre de construire un avenir qui ne soit pas défini par les exigences de la dépendance, mais par l'amour, le sens et la présence. Même si vous ne pouvez pas encore entrevoir cet avenir, il est encore possible, et l'espoir vous y pousse déjà.

Certaines personnes trouvent la liberté grâce à un rétablissement en 12 étapes, d'autres grâce à une thérapie, des programmes alternatifs ou une combinaison d'approches. L'important n'est pas de se conformer au modèle de quelqu'un d'autre, mais de trouver ce qui fonctionne et de progresser sur ce chemin, étape par étape.

Marcus a finalement entrepris une cure, non pas par honte, mais parce que l'honnêteté et la connexion ont brisé sa cage. Assis au milieu d'inconnus, il a entendu un homme dire: "Tu n'es pas une mauvaise personne. Tu es un malade en voie de guérison." Ces mots ont fait jaillir quelque chose en lui. Ils ont révélé ce que la honte ne pouvait pas révéler: l'addiction n'était pas un verdict sur sa personnalité. C'était une blessure à guérir.

Questions de réflexion pour le chapitre 3

Pensez à un moment où la honte a influencé votre perception de vous-même ou de vos proches. Comment cette honte a-t-elle affecté votre capacité à demander ou à proposer de l'aide?

De quelle manière avez-vous, ou d'autres personnes, cru au mensonge selon lequel la dépendance est un échec moral? Comment cette croyance a-t-elle affecté vos relations ou votre cheminement vers la guérison?

Que signifie pour vous l'abandon, non pas dans un sens religieux, mais comme une étape courageuse vers l'honnêteté et la connexion?

Imaginez la cage décrite dans ce chapitre. Quels obstacles – la peur, l'orgueil, la honte, l'isolement – pourraient devoir se briser dans votre vie pour que l'espoir y pénètre?

Chapitre 4
La honte est un tueur

La réunion du sous-sol

Jenna était assise dans sa voiture devant le sous-sol d'une église, les mains agrippées au volant jusqu'à en avoir mal aux articulations. Sur la porte, il était écrit "Réunion de rétablissement – Bienvenue à tous", mais son esprit était envahi d'accusations. Ils te jugeront. Tu n'as pas ta place ici. Tu es un raté, encore une fois.

Plus tôt dans la journée, elle avait entendu sa cousine murmurer au téléphone: "Jenna est une cause perdue." Ces mots ne la blessèrent pas seulement; ils sapèrent le mince espoir qui lui restait. Mais la honte était plus profonde que la déception de sa famille. Jenna se sentait abandonnée par Dieu. Ayant grandi dans un foyer religieux strict, on lui avait appris que les bons chrétiens ne trébuchaient pas ainsi. Elle entendait encore la voix d'un ancien pasteur de jeunes: "Le péché vous sépare de Dieu." Seule dans la voiture, elle y croyait, persuadée que sa rechute n'était pas seulement une preuve de faiblesse, mais la preuve que même le ciel lui avait tourné le dos.

Les larmes lui brouillaient la vue tandis qu'elle serrait le volant plus fort. Elle voulait prier, mais ne trouvait pas de mots qui sonnent juste. Elle imaginait Dieu secouant la tête avec dégoût, les bras croisés, refusant d'entendre une autre promesse en l'air. L'idée d'entrer dans le sous-sol d'une église lui semblait une cruelle plaisanterie. Pourquoi avait-elle l'intention de pénétrer dans la maison de Dieu après avoir rompu tous ses vœux?

Elle faillit tourner la clé pour s'enfuir. Mais quelque chose, peut-être la défiance, peut-être le désespoir, la poussa à ouvrir la portière. Elle entra, les yeux rivés au sol, se préparant aux regards froids qui l'attendaient, elle en était certaine.

Au lieu de cela, elle entendit un homme raconter sa propre rechute. Il s'exprima franchement, la voix tremblante mais sans complexe: "J'ai tout gâché. Je me détestais. Je croyais que Dieu en avait fini avec moi. Mais je suis là." La salle ne le condamna pas. Elle se pencha. De discrets hochements de tête. De doux "moi aussi". Une femme tendit la main et la lui serra.

Quelque chose se brisa dans la poitrine de Jenna. Pour la première fois depuis des mois, elle ressentit une lueur de chaleur, faible, fragile, mais réelle. Ce n'était pas que toute sa honte s'était évanouie à cet instant, ni que sa perception de Dieu s'était apaisée du jour au lendemain. Mais pour la première fois, elle se demanda si la honte ne lui avait pas menti. Peut-être que Dieu ne la dégoûtait pas. Peut-être que le Dieu dont on lui avait parlé, celui qui compte les points, n'était pas tout. Peut-être que la grâce était plus grande que les décombres.

Les effets de la honte sur les toxicomanes et leurs familles

La honte n'est pas seulement une émotion désagréable, elle est corrosive, étouffante et cruelle. Elle s'insinue au plus profond de votre identité et bouleverse votre identité. Si vous êtes aux prises avec une addiction, la honte vous dit: "Ce n'est pas un acte que vous avez commis, c'est qui vous êtes. Brisé. Désespéré. Indigne." Elle vous dit que peu importe vos tentatives, l'échec est inévitable. Vous définirez. Même lorsque vous avez le courage de tendre la main, la honte vous interrompt: "Ne vous embêtez pas. Ils verront simplement votre déception."

Pour les familles, la honte est tout aussi dévastatrice. Elle convainc les parents qu'ils sont de mauvais pères ou mères, les conjoints qu'ils sont des partenaires imparfaits, les frères et sœurs que leur famille est marquée à jamais par l'échec. La honte isole des foyers entiers, les réduisant au silence alors qu'ils ont le plus besoin de soutien. Les parents cessent de parler à leurs amis, terrifiés à l'idée d'être jugés. Les conjoints se replient sur eux-mêmes, refusant de répondre aux questions sur une nouvelle absence ou un nouveau séjour en cure de désintoxication. Les enfants intériorisent une douleur non exprimée, grandissant en croyant que les secrets sont plus sûrs que la vérité.

La honte ne fait pas que blesser, elle érige des murs. Elle brise la confiance, non seulement entre les proches, mais aussi au plus profond du cœur de la personne en difficulté. Elle alimente les mensonges: tu ne mérites pas d'aide. Tu ne mérites pas l'amour. Tu ne mérites même pas de réessayer. Avec le temps, la honte peut faire croire que les ruines de sa dépendance sont tout ce qu'elle sera jamais. Cette croyance est mortelle. Elle incite les gens à consommer alors qu'ils veulent désespérément arrêter. Elle enferme les familles dans un silence qui entrave la guérison.

La tyrannie de la honte

La honte n'est pas passive, c'est un tyran. Elle règne par la peur, contrôle vos choix, vous fait taire et vous enchaîne au passé. Elle ne se contente pas de murmurer, elle ordonne: "N'en parle à personne. Ne demande pas d'aide. N'ose pas croire que tu peux changer." Elle sabote toute tentative fragile de guérison. Vous zappez les réunions, évitez les appels téléphoniques, mentez à la personne que vous aimez, non pas par indifférence, mais parce que la honte vous a convaincu que la vérité vous détruirait.

Pour les réfugiés spirituels, la tyrannie de la honte peut être encore plus pesante. Quand la honte est renforcée par la religion, quand on vous dit que votre dépendance n'est pas seulement un combat humain, mais un échec moral qui répugne à Dieu, elle devient presque insupportable. La honte vous dit que même le ciel vous a tourné le dos. Elle déforme la grâce en condamnation. Elle fait passer le Dieu d'amour pour un marqueur prêt à vous écraser.

Les systèmes culturels et familiaux deviennent souvent complices de cette tyrannie. Les familles murmurent: "On ne parle pas de ce genre de choses." Les églises prêchent: "Les bons chrétiens ne luttent pas contre la dépendance." Les communautés tournent le dos, pensant que l'humiliation effraiera les gens et les poussera à changer. Mais l'humiliation ne guérit jamais, elle ne fait que durcir les murs de la honte.

La honte est un dictateur qui veut régner sur votre avenir. Elle prospère dans le secret, se nourrissant de votre silence. Elle veut vous faire croire que personne ne peut vous comprendre, que personne ne peut encore vous aimer, que vous êtes trop loin. Mais la honte est une menteuse. Le tyran n'a plus aucun pouvoir une fois exposé au grand jour. Le nommer, partager son histoire, chercher à se connecter, tout cela est un acte de rébellion contre son règne.

Parler des mots de guérison au lieu de la honte

Briser le pouvoir de la honte commence par de nouveaux mots. Des mots qui ressemblent à:

"Moi aussi."
"Tu n'es pas ton pire jour."
"Votre histoire n'est pas terminée."

Imaginez Jenna entrant dans cette réunion au sous-sol et entendant ces mots. Ce qu'elle craignait, le jugement, a été remplacé par l'empathie. L'histoire sincère de quelqu'un est devenue une bouée de sauvetage. Une phrase pleine de compassion peut mettre fin à la honte.

Mais la honte ne se limite pas aux échecs présents, elle s'attarde dans les souvenirs. Le passé a tendance à se répéter comme une bande de film cruelle, rappelant chaque promesse non tenue, chaque pont brûlé, chaque mot blessant. La honte d'affronter son passé peut être insupportable. Elle insiste: "Tu ne peux pas avancer. Tu as déjà fait trop de mal." Elle te dit que la guérison est pour les autres, pas pour quelqu'un avec ton passé. Mais aller de l'avant est indispensable. Le passé peut te façonner, mais il ne contrôle pas ton avenir. Le rétablissement et la guérison exigent que tu cesses de laisser les échecs d'hier dicter les possibilités de demain.

Se libérer de la honte commence dans les moments de calme où l'on choisit une autre histoire. Dire la vérité ne signifie pas faire comme si le passé n'était pas arrivé, mais refuser de le laisser définir l'avenir. Quand on dit: "Je suis plus que ce que j'ai fait", on participe à quelque chose de sacré. Dans les cercles de guérison, beaucoup appellent cela la grâce. D'autres l'appellent amour, lumière ou simplement vérité. Quel que soit le nom qu'on lui donne, les mots ont un pouvoir spirituel qui permet de se réapproprier son identité. Ils portent en eux une force plus grande que les accusations de la honte.

Ce n'est pas facile. Au début, prononcer de nouveaux mots peut sembler contre nature, voire faux. Mais avec le temps, cette pratique devient une sorte de rébellion silencieuse, une déclaration que la honte n'est pas votre maître. Chaque fois que vous affirmez: "Je suis encore digne" ou "Mon histoire n'est pas terminée", vous brisez le charme de la honte et invitez quelque chose de plus grand, l'espoir, la grâce, le sacré, à réécrire votre histoire.

Les familles aussi peuvent choisir des mots qui apaisent. Au lieu de dire: "Tu gâches toujours tout", elles peuvent dire: "Je t'aime assez pour être honnête. Je ne te donnerai pas les moyens, mais je suis là." Au lieu de dire: "Tu ne changeras jamais", elles peuvent essayer: "Je crois que le changement est possible, même si je ne le vois pas encore." Ce ne sont pas des solutions miracles, mais elles créent un espace de connexion, à l'opposé de la honte.

Espoir et reconquête identitaire

La tyrannie de la honte perd son pouvoir lorsque l'identité est reconquise. Les toxicomanes ne se définissent pas par leur addiction. Les familles ne se définissent pas par leurs erreurs. Vous n'êtes pas la somme de vos pires décisions ou de vos échecs les plus douloureux.

Se réapproprier son identité peut commencer doucement: se dire: "Je suis plus que mon addiction." Cela peut consister à partager son histoire dans un espace sécurisé, à entendre quelqu'un dire: "Moi aussi" et à réaliser qu'on n'est pas seul. Cela peut consister à pratiquer des exercices d'ancrage lorsque la honte menace de s'installer, à prendre une grande inspiration, à toucher quelque chose de solide, à nommer cinq choses que l'on voit, pour se rappeler qu'on est toujours là, toujours digne.

Pour les réfugiés spirituels, cette réappropriation peut impliquer de séparer la voix de la honte de celle du sacré. La honte dit: "Tu ne vaux rien." Le sacré dit: "Tu es aimé, même ici." Nul besoin de retourner dans des lieux hostiles pour trouver la grâce. La grâce peut vous trouver lors d'une réunion au sous-sol, dans le cabinet d'un thérapeute, lors d'une promenade nocturne ou dans une parole discrète adressée à une puissance dont vous ignorez l'existence.

La honte vous dira de garder le silence. Mais la guérison commence par un seul mot tremblant prononcé à voix haute. L'espoir naît dès que vous réalisez que le tyran est un imposteur.

Dieu ne fait pas honte

Si votre image de Dieu est celle d'un juge renfrogné qui consigne vos échecs, sachez que cette image est une déformation, et non le divin. Dieu n'utilise pas la honte comme une arme. Le sacré ne se réjouit pas de votre humiliation ou de votre effondrement. Le cœur de Dieu, qu'on l'appelle Amour, Grâce ou Esprit, ne cherche pas à condamner, mais à restaurer.

Tout au long de la Bible hébraïque (Ancien Testament) et du Nouveau Testament, l'histoire de Dieu révèle sans cesse un Dieu d'amour et de compassion, un Dieu qui voit au-delà de l'échec et de la honte et perçoit la vérité profonde de notre humanité. Les pages regorgent de moments où Dieu choisit la miséricorde plutôt que le jugement, la guérison plutôt que la punition et la restauration plutôt que l'exclusion. Ces récits ne sont ni des exceptions ni des notes de bas de page rares; ils sont le cœur du récit. Ils nous rappellent que la honte n'a jamais été censée être le dernier mot de la vie de qui que ce soit.

Pour beaucoup en voie de guérison, notamment les réfugiés spirituels, cela peut paraître inconcevable. Des années de honte religieuse vous ont peut-être convaincu que le ciel vous dégoûte. Mais qu'en serait-il si Dieu n'avait jamais été la source de votre honte? Et si, même dans vos moments les plus sombres, l'Amour était assis à vos côtés dans les décombres, refusant de vous quitter?

Le chemin de la guérison ne consiste pas à gagner l'approbation de Dieu ni à ramper pour mériter, mais à découvrir que vous n'avez jamais été indigne. Le sacré vous rejoint là où vous craignez le plus: la panique nocturne, le siège de voiture sillonné de larmes, la main tremblante sur la poignée de la porte du sous-sol. Dieu ne compte pas vos échecs; il vous tend constamment la main.

Pour guérir, vous devrez peut-être laisser mourir l'image d'un Dieu condamnateur et laisser naître une nouvelle image, un Dieu dont le regard est empreint de compassion, la voix ferme et miséricordieuse, et dont les mains sont déjà tendues vers vous. En voie de guérison, vous êtes invité à connaître ce Dieu, non pas comme un tyran, mais comme un compagnon qui vous accompagne vers la liberté.

Nous ne faisons pas honte

En tant que pasteur et directeur général de FREE Recovery Community, je peux vous le dire: nous ne pratiquons pas la honte. Ce n'est pas seulement un slogan accrocheur, c'est un cri de guerre. Si vous lisez ceci en pensant que vous n'avez pas votre place, que votre passé vous disqualifie, que Dieu en a fini avec vous, écoutez-moi bien: la honte vous ment.

Dans notre communauté, nous ne reculons pas devant le désordre. Nous nous impliquons. Nous avons côtoyé des gens qui se croyaient trop perdus, qui ont franchi nos portes convaincues que tout le monde les jugerait. Et vous savez ce qui se passe? Personne ne se détourne. Personne ne dit: "Tu n'as pas ta place." Nous acceptons les dégâts, car c'est dans les dégâts que la grâce s'exprime le mieux.

Mais entendez-vous bien: "Nous ne faisons pas honte" ne signifie pas que nous ne posons pas de limites. Cela ne signifie pas que la responsabilité est absente ou que les comportements destructeurs sont ignorés. Cela signifie simplement que l'amour et la compassion sont toujours un meilleur point de départ que la honte. Les limites protègent les relations et la responsabilité favorise l'épanouissement, mais elles sont plus efficaces lorsqu'elles sont fondées sur la dignité, et non sur l'humiliation.

Et voici la vérité crue: l'appartenance écrase la honte. Quand vous entrez dans une pièce et réalisez que les gens vous voient, tout entier, et ne vous détournent pas, quelque chose en vous commence à changer. L'appartenance murmure une vérité plus forte que la honte ne pourrait jamais le faire: vous méritez l'amour et l'appartenance, peu importe ce qui se cache derrière vous. Quand l'appartenance s'enracine, la honte perd son emprise. Les vieux mensonges, comme quoi vous êtes indigne, indigne d'être aimé, trop brisé, commencent à s'estomper à la lumière d'une véritable connexion.

C'est là que ce que nous avons dit sur Dieu prend tout son sens: Dieu ne fait pas honte, et nous non plus. Si Dieu ne compte pas les points pour vous écraser, pourquoi le ferions-nous? La honte ne guérit pas. La honte n'apporte pas la liberté. Elle ne l'a jamais fait et ne le fera jamais.

Questions de réflexion pour le chapitre 4

Pensez à un moment où la honte vous a réduit au silence, vous ou un être cher. Comment cela a-t-il affecté votre capacité à demander ou à proposer de l'aide?

De quelle manière les systèmes culturels, familiaux ou religieux ont-ils utilisé la honte dans votre vie? Comment cela a-t-il influencé votre compréhension de vous-même ou de Dieu?

Quels mots ou actions de guérison pourriez-vous offrir, à vous-même ou à quelqu'un d'autre, qui pourraient interrompre l'emprise de la honte aujourd'hui?

Comment le fait de retrouver votre identité, en dehors de la honte, pourrait-il commencer à changer la façon dont vous traversez votre rétablissement ou dont vous soutenez quelqu'un que vous aimez?

Chapitre 5
Parler vrai, sans moraliser

Le moment où les mots sont tombés à plat

Kara était assise à la table de la cuisine de son amie, les yeux rouges et irrités par une autre nuit d'inquiétude. Son frère était de retour dans la rue après avoir promis de se sevrer. Elle n'avait pas mangé. Elle n'avait pas dormi. Lorsqu'elle avait finalement appelé à l'aide, quelqu'un de son ancienne église lui avait dit une seule phrase: "Dieu ne te donnera pas plus que tu ne peux supporter." Kara hocha poliment la tête, mais quelque chose se durcit intérieurement. Les mots semblaient malléables. Ils ne touchaient ni la douleur dans sa poitrine ni la panique dans son estomac. Elle n'avait pas besoin d'un slogan. Elle avait besoin de quelqu'un pour l'accompagner dans les décombres.

Voilà ce qui arrive quand on utilise des clichés au lieu de dire la vérité. Les platitudes peuvent nous donner l'impression d'avoir dit quelque chose de bien, mais pour les personnes qui souffrent, elles peuvent aggraver la blessure. Les toxicomanes et leurs proches n'ont pas besoin de sermons soignés. Ils ont besoin de mots vrais, confus et vulnérables qui disent: "Je te vois et je suis là."

Pourquoi les clichés et le jargon religieux échouent

Les personnes à la limite peuvent repérer les discours faux ou convenus à des kilomètres. Elles ont tout entendu: "Tout arrive pour une raison." "Dieu a un plan." "Aie simplement plus confiance." Pour quelqu'un aux prises avec une dépendance profonde ou pour quelqu'un qui l'aime, ces mots ne sonnent pas comme du réconfort, mais comme un rejet. Pour les réfugiés spirituels, ils peuvent ressembler aux armes mêmes qui les ont autrefois chassés de l'Église.

Les réfugiés spirituels connaissent la douleur des mots qui réduisent leur souffrance à un slogan ou laissent entendre que leur souffrance était leur faute. On leur a dit, ouvertement ou subtilement, que s'ils priaient plus fort, croyaient davantage ou se comportaient mieux, ils ne seraient pas dans le pétrin où ils sont. Quand on est brûlé par ce genre de discours, même une infime partie peut briser la confiance.

Et il ne s'agit pas seulement d'éviter les expressions religieuses pour être à la mode ou "pertinentes". Il s'agit de suivre la voie de Jésus. Jésus s'adressait toujours à de vraies personnes, dans des lieux réels, à un moment précis de l'histoire, les regardant droit dans les yeux et pénétrant leur souffrance. Il n'a jamais utilisé de phrases creuses pour esquiver la douleur de quelqu'un, ni la peur pour le contraindre à l'obéissance. La peur n'est pas une bonne tactique, elle ne l'a jamais été, et pourtant, d'innombrables personnes religieuses l'ont utilisée comme si effrayer quelqu'un allait guérir son âme. Ce n'est pas le cas. Cela ne fait qu'aggraver la blessure.

À chaque pasteur, conseiller, parrain ou ami qui accompagne des personnes dans leur transition vers la dépendance et leur rétablissement: c'est un appel à laisser ces expressions de côté. Cela peut sembler reléguer au second plan une partie de votre vocabulaire spirituel, car beaucoup d'entre nous ont été élevés avec ces dictons. Ils sont ancrés dans les sermons, les méditations et les slogans sur les tasses à café. Mais si nous voulons parler à ceux qui se noient, cessons de leur jeter des autocollants alors qu'ils ont besoin d'un coup de main.

Oui, renoncer aux clichés est difficile. Cela implique d'affronter la gêne du silence lorsqu'on n'a pas la réponse parfaite. Cela implique d'admettre: "Je ne sais pas pourquoi cela arrive" au lieu de masquer la douleur sous une platitude bien rangée. Mais cette honnêteté est sacrée. C'est à cette honnêteté que les accros aux langues, leurs proches et les réfugiés spirituels peuvent réellement se fier.

Parler vrai, c'est reconnaître le chaos: "C'est dur. C'est injuste. Ça fait un mal de chien. Et tu n'es pas seul." Ces mots coûtent plus cher, ils coûtent ta vulnérabilité et ta présence. Mais ce sont eux qui brisent les murs de la honte et invitent les gens à rester.

Le pouvoir de la vulnérabilité et de l'histoire

Les histoires changent les cœurs. La vulnérabilité renforce la confiance. Si vous avez traversé le feu, vos cicatrices parleront plus fort que n'importe quel sermon. En partageant honnêtement vos moments de tristesse, vos doutes, vos échecs, vos moments de colère contre Dieu, vous dites: "Moi aussi. Je comprends." Ce "moi aussi" peut sauver des vies.

Mais soyons réalistes: la vulnérabilité est terrifiante. Si vous avez déjà été victime de ressentiment, si vous avez été confronté au jugement, au silence ou à des conseils condescendants lorsque vous avez osé vous confier, l'idée de dévoiler à nouveau votre cœur vous paraît impossible. Vous vous dites peut-être: "Si je dis la vérité sur ma douleur, ils me rejetteront. Ils l'utiliseront contre moi. Ils confirmeront tous les mauvais présages que je me fais déjà."

Voici la vérité que personne ne vous a dite: la honte veut vous faire taire, car le silence vous maintient coincé. Le risque semble énorme, mais la récompense, c'est la liberté. La vulnérabilité n'est pas une faiblesse, c'est un défi. C'est regarder la honte droite dans les yeux et dire: "Je ne t'appartiens plus." Et quand vous vous lancez, quand vous ouvrez votre histoire, ne serait-ce qu'un peu, vous autorisez tout le monde autour de vous à retirer son masque.

La religion a souvent découragé la vulnérabilité, apprenant aux gens à cacher leurs doutes et à peaufiner leurs histoires jusqu'à ce qu'elles brillent. Mais si nous voulons des espaces de foi authentiques où une véritable transformation se produit, nous devons nous appuyer sur la vulnérabilité. Et c'est là que ça devient personnel: dirigeants, je connais votre peur. On vous a dit de rester soudés, de projeter votre force, de ne jamais laisser paraître vos faiblesses. Vous avez peur qu'en exposant vos difficultés, les gens perdent le respect ou s'en aillent. Cette peur est réelle, lourde et légitime.

Mais voici la vérité profonde: les gens n'ont pas besoin de dirigeants parfaits. Ils ont besoin de dirigeants honnêtes. En affrontant cette peur et en vous présentant comme un être humain complet et imparfait, vous donnez à votre communauté le courage d'en faire autant. Votre volonté d'être vulnérable dit: "On est en sécurité ici. Tu n'as pas à te cacher." C'est ainsi que les murs s'effondrent. C'est ainsi que naît la foi authentique, non pas par des performances impeccables, mais par une humanité partagée.

Je le sais par expérience. Quand j'ai arrêté de boire en 2013, je n'étais pas un simple homme aux prises avec une dépendance, j'étais un pasteur. J'étais le pasteur ivre, et la honte de cette situation m'a presque anéanti. Pendant les trois premières années de ma guérison, je suis resté silencieux, espérant et priant pour que personne ne découvre que derrière les sermons et les sourires du dimanche, j'étais un alcoolique. J'étouffais sous le poids de ma propre hypocrisie, terrifié à l'idée que si les gens apprenaient la vérité, tout s'écroulerait.

Trois ans plus tard, grâce à mon parrain et à des mentors de confiance, j'ai enfin brisé le silence. Un dimanche matin, aux trois services religieux, je me suis levée, tremblante, la voix tremblante, et j'ai raconté mon histoire. J'étais persuadée que certaines personnes partiraient, murmureraient dans mon dos ou ne me regarderaient plus jamais comme avant.

Mais quelque chose d'autre s'est produit. J'ai été accueillie avec grâce. J'ai été accueillie avec compassion. Et à cet instant sacré, quelque chose s'est brisé, non seulement en moi, mais dans la salle. Des gens ont raconté leurs propres histoires. Ils ont murmuré leurs blessures. Ils m'ont confié leur douleur. J'ai réalisé combien d'autres se noyaient silencieusement, attendant désespérément que quelqu'un vienne en premier.

Ce matin-là a tout changé. C'est l'un des moments qui ont donné naissance à la FREE Recovery Community, l'espace que ma femme, Tami, et moi avons créé plus tard pour les toxicomanes, leurs proches et les réfugiés spirituels. Si vous lisez ceci et que vous avez peur de laisser quiconque voir derrière votre masque, écoutez-moi: votre histoire a du pouvoir. La guérison de quelqu'un d'autre pourrait commencer par votre honnêteté. Ne laissez pas la honte vous empêcher de vous taire un jour de plus. Le monde n'a pas besoin de votre perfection, il a besoin de votre vérité.

Un vrai discours pour les vrais accros

Soyons honnêtes: pour de nombreux toxicomanes et réfugiés spirituels, le discours traditionnel de l'Église, son langage privilégié, ses slogans raffinés, ses symboles religieux lourds, n'ont jamais été perçus comme de l'amour. On les a souvent perçus comme une porte verrouillée. Ce n'est pas que ces mots ou ces symboles soient mauvais ou sans valeur. Ils peuvent être porteurs d'une beauté et d'une signification profondes. Mais ils ne peuvent jamais être la première chose à faire. Ils ne peuvent pas être la première poignée de main.

Chefs religieux, cette partie vous est destinée. Si la croix sur le mur, les phrases d'initiés ou le jargon chrétien empêchent les personnes blessées de franchir le seuil, il vous faut le courage de les mettre de côté. Les personnes passent toujours avant les traditions. Jésus a donné cet exemple à maintes reprises. Il a choisi la personne plutôt que le rituel, la relation plutôt que la règle. Choisir la souffrance plutôt que le symbole n'est pas une trahison, c'est être disciple.

Jésus n'entamait pas les conversations par des déclarations doctrinales ou des prières raffinées. Il s'agenouillait dans la poussière avec une femme prise dans la honte. Il dînait avec des personnes que l'establishment religieux évitait. Il racontait des histoires de semences et de tempêtes, de pères et de fils perdus, car les personnes en souffrance avaient besoin de paroles concrètes.

Les traditions peuvent être belles. Les rituels peuvent guérir. Mais ils ne sont jamais la porte d'entrée vers la grâce pour quelqu'un qui se sent déjà indigne ou malvenu. Si les symboles religieux et les conversations privées vous paraissent un obstacle, ayez le courage de vous en débarrasser, ou du moins de les écarter, jusqu'à ce que l'amour ait fait son œuvre.

Les chefs religieux cherchent une nouvelle voie: parler le langage de la rue, du cercle de guérison et des cœurs brisés. Ne demandez pas aux gens de décrypter votre monde avant de pouvoir les accueillir. Construisez le pont. Allez à leur rencontre là où ils sont. Ce n'est pas édulcorer l'Évangile, c'est suivre Jésus.

Outils pratiques pour communiquer la réalité

Écoutez plus que vous ne parlez. Parfois, la chose la plus sacrée à faire est de vous taire et de rester présent. Laissez le silence parler plus fort que les conseils.

Posez des questions honnêtes et ouvertes. Au lieu de dire: "Pourquoi ne peux-tu pas t'arrêter?", essayez plutôt: "Quel est le sentiment de difficulté aujourd'hui?"

Privilégiez l'empathie à la persuasion. Vous ne cherchez pas à gagner un débat, mais à construire un pont.

Honorez la douleur sans la guérir. Résistez à l'envie de faire un joli nœud à la souffrance de quelqu'un. Il est normal de dire: "Je ne sais pas quoi dire, mais je suis là."

Parlez avec vos cicatrices, pas avec votre piédestal. L'authenticité est magnétique. Prétendre avoir tout sous contrôle crée une distance.

Quand les vrais mots guérissent

Imaginez Kara à nouveau, mais cette fois, au lieu d'entendre "Dieu ne te donnera pas plus que tu ne peux supporter", elle entend: "C'est brutal. Je vois comme tu es épuisée. Tu n'as pas à supporter ça toute seule." Cette réponse simple et sincère ne résout pas tout. Mais elle la soulage. Elle lui dit qu'elle n'est pas invisible. Elle lui dit qu'elle mérite d'être écoutée.

Parler vrai ne se résume pas à une formulation parfaite. C'est une question de présence. Il s'agit d'être honnête, humble et prêt à assumer le désordre. Pour les toxicomanes, leurs proches et les réfugiés spirituels, ces mots peuvent être une bouée de sauvetage, la preuve que la connexion est toujours possible, même dans les décombres.

Questions de réflexion pour le chapitre 5

Rappelez-vous un moment où les paroles de quelqu'un vous ont semblé creuses ou blessantes dans un moment difficile. Qu'est-ce qui a fait qu'il a raté sa cible?

Pensez à un moment où quelqu'un vous a parlé avec honnêteté et vulnérabilité. Quel effet cela a-t-il eu sur vous?

Quels clichés ou expressions devez-vous désapprendre pour pouvoir parler de manière plus authentique à ceux qui souffrent?

Comment vos propres cicatrices ou luttes pourraient-elles faire partie de la manière dont vous communiquez l'espoir sans prêcher?

Chapitre 6
Enseigner la sagesse spirituelle sans bagage religieux

Le poids du bagage religieux

Pour beaucoup, en particulier les réfugiés spirituels et ceux marqués par la dépendance, la religion a été moins une source de réconfort qu'une source de souffrance. Peut-être était-ce le prédicateur qui fulminait en jugeant au lieu d'offrir la grâce. Peut-être était-ce l'animateur de jeunesse qui vous expliquait que vos questions relevaient de la rébellion plutôt que de la curiosité. Peut-être était-ce l'Église qui vous tournait le dos lorsque la dépendance, le divorce ou la dépression devenaient trop perturbants pour son image. Peut-être était-ce les conversations chuchotées sur la personne que vous aimiez, ou les règles tacites concernant la couleur de peau, le niveau de revenu ou la théologie réellement acceptables.

Ce genre d'exclusion, qui désigne ceux qui sont "dedans" et ceux qui sont "dehors", a blessé d'innombrables personnes. Lorsque les dirigeants prétendent que l'amour de Dieu ne s'adresse qu'à ceux qui sont dedans, cela ne nuit pas seulement à ceux qui sont exclus. Cela empoisonne tout le monde. Cela sème la peur: "S'ils ne sont pas dedans, comment puis-je être sûr d'y être?" Ce genre de raisonnement engendre anxiété, honte et division. Ce n'est pas le cœur de Dieu.

Le poids de ce fardeau peut être écrasant. Il pèse comme une pierre sur la poitrine, rendant chaque respiration lourde. Il déforme le visage de Dieu, qui ressemble davantage à un gardien qu'à une source de grâce. Pour beaucoup, même le langage de la foi est devenu un déclencheur, un rappel du rejet et du contrôle.

Mais voici la vérité: tout cela doit être plus inclusif pour ressembler au Dieu révélé dans l'amour. Dieu ne rentre pas dans les cases que nous avons construites. Essayer de le contenir dans des systèmes rigides ou des cercles d'approbation restreints est vain. Les toxicomanes et leurs proches l'ont compris depuis longtemps. Pour sortir du trou, pour survivre, ils ont dû imaginer un Dieu bien plus grand, bienveillant et libre que celui qu'on leur avait offert. Ils ont dû croire en un Amour qui pouvait les atteindre dans le caniveau ou au fond du désespoir, un Amour qui ne se limitait pas à des mains propres et à une réputation impeccable.

Si c'est votre cas, si on vous a dit que vous n'étiez pas à votre place, écoutez ceci: votre douleur est réelle et vous n'êtes pas seul. Abandonner une religion néfaste ne signifie pas s'éloigner de Dieu. Cela signifie chercher le Dieu qui vous cherche déjà. Le Divin n'est pas menacé par vos doutes, votre colère, votre fragilité ou votre espoir de quelque chose de plus vrai. Dieu est plus grand, plus vaste et plus sauvage que la pensée exclusive qui vous a blessé. Et cet Amour plus grand vous tend déjà les bras.

Pour les réfugiés spirituels, ceci est important: vous ne rejetez pas le sacré simplement parce que vous avez rejeté ce qui vous a blessé. Et pour les dirigeants, ceci est un rappel: une image saine de Dieu est celle de l'amour et de la compassion, et non de la condamnation. Le Dieu qui rencontre les gens dans leur fragilité n'est ni fragile ni menacé par vos questions.

Si vous êtes un chef religieux, sachez ceci: des personnes entrent dans vos espaces avec des blessures que vous ne pouvez pas toujours voir. Vos phrases, rituels ou symboles préférés peuvent vous sembler rassurants, mais peuvent rouvrir de vieilles cicatrices chez quelqu'un d'autre. La sagesse commence par percevoir leur douleur avant de défendre vos traditions.

Déterrer la sagesse au-delà des murs

La sagesse spirituelle ne réside pas seulement dans les chaires ou les livres saints. Elle vibre au rythme du quotidien, dans la ligne de basse d'une chanson qui vous bouleverse, dans le lever du soleil qui vous surprend, dans la voix tremblante d'une personne qui, dans un cercle de guérison, vous dit: "J'ai failli ne pas venir ce soir." La sagesse se trouve dans la poésie, les rires à table, le vent qui vous caresse le visage lors d'une promenade, ou le "moi aussi" larmoyant de quelqu'un qui a vécu la même chose que vous.

Les Écritures, qu'il s'agisse de la Bible hébraïque (Ancien Testament) ou du Nouveau Testament, sont une source inépuisable de sagesse. Elles nous livrent des récits d'échec et de rédemption, d'exilés trouvant un foyer, de parias reconnus et de personnes brisées restaurées. Elles offrent des vérités profondes sur l'amour, la justice, la miséricorde et la grâce. Mais ce n'est pas notre seule source. Le sacré ne se limite pas aux pages d'un seul livre. La sagesse de Dieu transparaît dans la voix d'un parrain, dans l'honnêteté d'un ami, dans les slogans de guérison, dans l'art et la nature, et là où la religion oublie parfois.

Chefs religieux, c'est ici que vous devez vous arrêter et vous demander: qui cherchez-vous réellement à atteindre? Votre mission est-elle d'impressionner les autres membres de l'Église, ou de soutenir ceux qui souffrent, ceux qui sont brisés, les exclus et les marginalisés? Si c'est la deuxième option, et c'est normal, alors certaines de vos traditions et de vos pratiques religieuses les plus chères devront peut-être disparaître. Si un rituel, une phrase ou un symbole met à l'aise les initiés mais éloigne les étrangers, il sabote la mission même que vous prétendez servir.

Si cela détruit la mission, détruisons la tradition. Jésus l'a fait constamment. Il a guéri le jour du sabbat, même lorsque les gardiens religieux s'irritaient, et il a accueilli ceux qu'on considérait comme impurs. Il nous a montré que l'amour de Dieu est trop urgent et trop intense pour être limité par des règles qui protègent les puissants mais ignorent les personnes souffrantes. Lorsque la mission est d'atteindre les désespérés et les oubliés, le réconfort des personnes du milieu ne peut être la priorité.

Pour les dirigeants, cela signifie apprendre à jongler avec de multiples sources de sagesse et laisser Dieu vous guider au-delà de votre zone de confort.

L'Écriture est essentielle, mais elle n'est pas le seul enseignant. Dieu ne se limite pas à votre tradition, à votre traduction ou à votre théologie préférée. Dieu est assez grand pour être présent dans l'histoire tremblante d'un toxicomane, les paroles d'une chanson à la radio ou l'espoir fragile que vous ressentez sous un ciel étoilé.

Cela peut être déstabilisant pour ceux d'entre nous qui ont été formés à se tenir à l'écart des réponses "orthodoxes". Mais l'Esprit agit où il veut, refusant de se laisser enfermer par nos systèmes. Pour enseigner la sagesse spirituelle sans bagage religieux, il faut être prêt à sortir des murs familiers et à croire que Dieu vous y accueillera. Cette confiance ne dilue pas les Écritures, elle les honore. Les mêmes Écritures qui racontent que les prophètes entendaient Dieu murmurer et que les bergers voyaient les anges nous rappellent aussi que le Divin est incontrôlable. Les empreintes de Dieu sont partout, attendant d'être remarquées.

Des pratiques qui ne font pas de mal

Les pratiques spirituelles n'ont pas besoin d'être compliquées ni dogmatiques. Elles peuvent être simples, brutes et accessibles:

Respiration: Prenez trois respirations lentes et profondes. Prenez conscience que vous êtes vivant.

Listes de gratitude: écrivez trois choses pour lesquelles vous êtes reconnaissant, même si l'une d'entre elles est simplement: "J'ai réussi à passer la journée aujourd'hui."

Cercles d'histoires: Partagez un moment de la semaine qui vous a touché. Écoutez sans détourner l'attention, sans faire de sermon.

Promenades nature: Sortez. Laissez le vent caresser votre peau vous rappeler que vous faites partie de quelque chose de plus grand.

Prière et méditation: Consacrez quelques instants de calme chaque jour à vous recentrer. Ce n'est pas forcément formel ou préétabli. Cela peut être aussi simple que de parler honnêtement à Dieu ou de s'asseoir en silence pour l'écouter.

Lecture de textes sacrés: Explorez les Écritures ou d'autres écrits porteurs de sagesse et d'espoir. Les Écritures demeurent une source importante, mais on peut les aborder avec un regard neuf. Lisez-les non pas comme une arme, mais comme un guide qui mène à la grâce.

Ces pratiques n'exigent pas de réciter des credo ou de signer des déclarations de foi. Elles vous invitent à vous montrer tel que vous êtes. Pour les réfugiés spirituels, elles peuvent être des portes d'entrée douces vers une connexion sans crainte de jugement. Et pour beaucoup, c'est là que Dieu les rencontre à nouveau, non pas dans la honte ou le contrôle, mais dans la tendresse et la présence.

Humilité, curiosité et questions

Enseigner la sagesse sans bagage exige de l'humilité. Cela exige d'admettre qu'on n'a pas toutes les réponses. C'est difficile, surtout pour des dirigeants formés à être certains, à défendre chaque doctrine, à ne jamais dire "Je ne sais pas". Mais les questions ne menacent pas la foi, elles y conduisent. Les questions ouvrent des portes vers la certitude. Reste silencieux. Ils invitent au dialogue, à l'exploration et à la croissance. Loin de vous disqualifier, vos questions sincères peuvent ouvrir une voie spirituelle plus profonde et plus résiliente.

Le doute n'est pas l'ennemi de la foi; l'indifférence l'est. Douter signifie se soucier suffisamment de Dieu pour affronter les choses importantes. En fait, le doute a souvent pour effet d'approfondir la foi, de dissiper les clichés superficiels et de nous forcer à aborder le sacré avec plus d'honnêteté. Pour Jésus, le doute n'a jamais été un problème. Dans l'Évangile de Matthieu, lorsque les disciples se tenaient sur la montagne avec Jésus après la résurrection, il est dit que certains adoraient, d'autres doutaient. Jésus n'a pas réprimandé les sceptiques. Il ne les a pas renvoyés. Il s'est tenu à leurs côtés, leur a confié une mission et leur a fait confiance pour apporter l'espoir au monde, malgré leurs questions.

La curiosité est puissante. Demandez-vous: "Qu'est-ce qui vous donne de l'espoir en ce moment?" ou "Quel a été le moment le plus difficile de la journée?" ou encore "Où vous sentez-vous le plus vivant?" Ce ne sont pas des tests d'orthodoxie, mais des invitations à une connexion plus profonde. La sagesse grandit là où chacun se sent en sécurité pour explorer, douter et s'interroger.

Dirigeants, le monde n'a pas besoin de discours plus raffinés. Il a besoin de guides prêts à apprendre aux côtés des cœurs brisés. Enseignez en demandant, en écoutant, en montrant l'émerveillement. Montrez que la foi peut être un cheminement, pas un argumentaire de vente. Dieu n'est pas menacé par les questions, il les rencontre.

Un appel aux dirigeants
Les gens avant les systèmes

C'est là que les choses deviennent inconfortables. Si vos traditions, vos rituels ou vos symboles empêchent les personnes blessées de franchir la porte, vous avez le choix: protéger le système ou protéger les gens. Jésus a toujours choisi les gens. Il a guéri le jour du sabbat, même lorsque les gardiens de la loi protestaient. Il a touché des lépreux. Il a accueilli les étrangers. Il a brisé les attentes religieuses pour aimer les mal-aimés.

Mais je tiens aussi à vous soutenir, vous, le leader, le parrain, le parent, l'ami, qui luttez pour trouver une nouvelle façon d'être. Il n'est pas facile de mettre de côté ce que vous avez toujours connu. Il n'est pas facile de repenser les phrases, les pratiques et les postures qui vous ont été transmises. Il est difficile de se défaire de vieilles habitudes et de risquer la vulnérabilité face à des personnes profondément marquées. Et pourtant, chaque fois que vous choisissez d'aimer plutôt que d'avoir peur, d'écouter plutôt que de prêcher, d'être présent plutôt que de vous détourner, vous pénétrez un terrain sacré.

À ceux d'entre vous qui sont prêts à essayer: vous participez déjà à la transformation. Vous choisissez le chemin tracé par Jésus, celui où les relations comptent plus que les règles, où la connexion prime sur le contrôle et où la grâce prime sur le jugement. Vous construisez une nouvelle communauté où les toxicomanes, leurs proches et les réfugiés spirituels peuvent respirer à nouveau.

Mais sachez aussi ceci: nous ne pouvons pas attendre des conditions idéales ni que quelqu'un d'autre prenne le relais. Les blessures sont trop profondes, les enjeux trop importants. Des gens meurent en silence, se croyant hors d'atteinte. Ils ont besoin de nous maintenant. Ils ont besoin de votre courage, de votre humanité, de votre volonté de vous engager dans cette impasse.

Alors voici mon appel: laissez l'amour vous guider, même si cela vous coûte du confort. Laissez la compassion prendre le pas sur la peur de vous tromper. Osez briser les barrières qui vous empêchent d'avancer. Osez créer des espaces où les cicatrices sont honorées, où les doutes sont les bienvenus et où la grâce de Dieu est plus grande que quiconque ne l'imagine. Privilégiez l'humain aux systèmes, à chaque fois.

Chefs religieux, toxicomanes, familles et réfugiés spirituels: rejeter les religions néfastes ne signifie pas rejeter Dieu. Cela signifie se débarrasser de ce qui est toxique pour que la vérité puisse vivre. Dieu n'en a pas fini avec vous. Sa sagesse vous attend, dans les histoires que vous racontez, dans votre souffle, dans les espaces calmes où l'amour murmure: "Tu n'es pas seul."

Questions de réflexion pour le chapitre 6

Lorsque vous pensez au bagage religieux que vous portez, quels souvenirs, messages ou expériences spécifiques vous semblent les plus lourds? Comment ont-ils façonné votre image de Dieu ou de la communauté?

En dehors des espaces religieux traditionnels (nature, musique, groupes de rétablissement, conversations entre amis), avez-vous vécu quelque chose de sacré ou de vivifiant? Comment ce moment vous a-t-il invité à imaginer Dieu différemment?

De quelles traditions, expressions ou habitudes "ecclésiastiques" pourriez-vous avoir besoin d'abandonner (personnellement ou au sein de votre communauté) afin d'atteindre plus efficacement les personnes souffrantes, brisées et marginalisées?

Quelles pratiques spirituelles (respiration, prière, méditation, lecture de textes sacrés, listes de gratitude, cercles d'histoires) vous semblent les plus accessibles en ce moment? Comment l'une d' elles pourrait-elle vous aider à renouer avec l'espoir ou à inviter d'autres personnes à la guérison cette semaine?

Chapitre 7
L'écoute comme acte radical

Le silence qui sauve

Il était tard un jeudi soir lorsque Jason était assis seul dans sa voiture devant une réunion de rétablissement. Ses mains tremblaient sur le volant, ses jointures blanches sur le cuir. Dans sa tête, il avait répété une douzaine de versions de ce qu'il pourrait dire s'il entrait. Chacune était une demi-vérité soigneusement élaborée, destinée à le faire paraître meilleur, moins désespéré. Il imaginait se présenter d'une manière qui adoucirait sa douleur, évoquant le stress au travail, la période difficile de son mariage, la malchance qui l'avait conduit là. Tout sauf la dure réalité: son alcoolisme avait ruiné ses relations, lui avait coûté des emplois et l'avait laissé fixer le plafond la plupart des nuits, se demandant si la vie valait encore la peine d'être tentée.

Jason avait appris toute sa vie à sauver les apparences. Ayant grandi dans une petite communauté religieuse, la faiblesse n'était pas quelque chose qu'on montrait. On souriait, on disait qu'on allait bien et on gardait ses erreurs secrètes. Ces explications polies n'étaient pas seulement une question d'orgueil; c'était une armure. Elles le protégeaient du jugement, de la pitié et de la terrifiante possibilité que, si les gens le connaissaient vraiment, ils s'en iraient.

Assis là, répétant son texte, la honte pesait sur lui comme un poids. L'idée d'admettre la vérité (qu'il se noyait) lui semblait insupportable. Puis un homme de la réunion le remarqua et s'approcha discrètement. Il ne demanda pas l'histoire de Jason ni ne lui donna de conseils. Il s'appuya contre le capot de la voiture de Jason et dit doucement: "Tu n'es pas obligé de faire ça tout seul." Ils restèrent là, dans le silence, sans un discours, sans aucune exigence. Pour la première fois depuis des mois, Jason se sentit vu sans avoir besoin de se produire.

L'écoute, et parfois même l'écoute silencieuse, peut sauver une personne du danger. Dans un monde submergé par le bruit et les opinions, la véritable écoute est une rébellion silencieuse. Elle dit: Votre histoire compte. Vous comptez. Et cette écoute n'est pas seulement bienveillante; elle est urgente. Sans elle, les gens restent prisonniers du désespoir. Certains sont tellement accablés par le silence et la honte qu'ils se suicident. Nous sommes solidaires d'eux lorsque nous choisissons d'écouter sans imposer de jugement ni de prêcher. Écouter est l'acte primordial, la porte simple mais sacrée vers l'espoir.

Pourquoi écouter est si difficile

Écouter paraît simple, mais cela a un prix. Cela implique de ralentir quand tout dans notre culture nous crie: "Vite !". Cela implique de rester assis avec inconfort alors que tout en nous aspire à réparer, expliquer ou passer à autre chose. Pour les proches de personnes dépendantes, écouter peut être perçu comme une faiblesse: "Si je ne dis rien, croiront-ils que j'approuve?" Pour les réfugiés spirituels, le simple fait d'intervenir dans une conversation où quelqu'un prétend "savoir ce qui est le mieux" peut rouvrir des blessures.

En réalité, écouter menace notre illusion de contrôle. Les conseils nous donnent le sentiment d'être utiles. Réparer nous donne le sentiment d'être aux commandes. Mais la présence (le simple fait d'être là) peut être terrifiante, car elle nous force à affronter notre impuissance parfois. Écouter nous demande d'être présent face à la douleur de quelqu'un sans chercher de solutions faciles.

Jésus l'avait compris. Il écoutait ceux que d'autres ignoraient. Il s'arrêta pour une femme qui toucha son vêtement, la laissant dire toute la vérité, tandis que tous l'exhortaient à passer à autre chose. Il s'agenouilla dans la poussière tandis qu'une foule en colère réclamait justice, attendant que la femme accusée d'adultère s'exprime au lieu de la réduire au silence par la condamnation. Il partagea ses repas avec des publicains et des pécheurs, écoutant leurs histoires sans les réduire au silence par la honte. Il laissa des aveugles l'interpeller par-dessus le bruit de la foule, demandant: "Que veux-tu que je fasse pour toi?" comme si leurs voix et leurs désirs comptaient plus que les attentes de l'élite religieuse.

Voilà le pouvoir de l'écoute: elle restaure la dignité. Elle montre à ceux qui ont été humiliés, rejetés ou ignorés qu'ils sont reconnus et valorisés. L'écoute de Jésus n'était pas passive; c'était un acte radical qui guérissait les cœurs avant même qu'un miracle ne touche leur corps. Et elle guérit encore aujourd'hui lorsque nous choisissons d'écouter ainsi.

L'écoute comme amour en action

Écouter n'est pas passif. C'est un acte d'amour. La sagesse du rétablissement dit: "On nous écoute pour guérir." Écouter véritablement, c'est dire: Tu n'as pas à te corriger pour moi. Tu n'as pas à masquer ta douleur pour la rendre acceptable.

Pour les toxicomanes et les réfugiés spirituels, souvent sermonnés, jugés ou rejetés, l'écoute est la preuve que leur humanité est intacte. C'est une déclaration: "Ta valeur ne dépend pas de tes performances. Je te réserverai une place, exactement comme tu es."

Mais cela s'applique tout autant aux proches des personnes dépendantes. Ils portent leurs propres blessures silencieuses, des années d'insomnie, remettant en question chaque décision et se préparant à la prochaine crise. Trop souvent, les familles se sentent invisibles. On leur dit de "simplement se détacher" ou de "rester fortes", sans que personne ne prenne le temps d'écouter leur chagrin. Les écouter est un acte de compassion qui leur dit: votre douleur compte aussi. Votre peur, votre colère, votre épuisement sont réels, et ils méritent un refuge.

Lorsque les familles et les amis ont l'espace nécessaire pour dire leur vérité sans jugement, la honte s'atténue également. Cela leur permet de respirer, de faire leur deuil et de commencer à guérir, non seulement pour le bien de la personne dépendante qu'ils aiment, mais aussi pour eux-mêmes. L'écoute restaure la dignité des deux côtés des décombres de la dépendance.

Écouter sans agenda

Beaucoup d'entre nous ont tendance à écouter avec un objectif précis. Nous attendons une pause dans le récit de quelqu'un pour y insérer un conseil, un verset biblique ou un "Avez-vous déjà essayé…?". Mais l'écoute radicale ne manipule ni n'oriente. Elle ne juge pas et ne cherche pas subtilement à corriger. Elle invite l'autre à s'épanouir sans crainte de correction.

L'écoute réflexive peut être utile: répéter ce que vous entendez ("On dirait que vous êtes épuisé et effrayé") ou valider leur expérience ("Ça a l'air brutal; je comprends pourquoi vous êtes dépassé"). Ces phrases simples sont une bouée de sauvetage pour les personnes rejetées ou humiliées.

Présence plutôt que perfection

Nul besoin de mots parfaits pour faire la différence. "Je suis là" suffit souvent. La présence transmet ce que les conseils ne peuvent jamais faire: que la douleur de la personne n'est pas trop lourde à supporter et que son histoire n'est pas trop compliquée pour être entendue.

Mais le perfectionnisme peut être un obstacle. Trop souvent, nous hésitons à nous manifester par peur de dire quelque chose de mal ou de ne pas connaître la prière ou le conseil "approprié". Nous tardons à prendre contact, attendant d'être pleinement préparés. Pourtant, ce retard peut laisser une personne se sentir encore plus abandonnée. Notre obsession de bien faire les choses peut être très néfaste.

En vérité, Dieu n'a jamais eu besoin de notre perfection. Dans les Évangiles, Jésus n'a jamais exigé des paroles ou un comportement parfait avant d'offrir son amour. Il s'est simplement montré présent aux gens, là où ils se trouvaient, au puits, au bord d'une route, chez un publicain, et partout ailleurs. De même, les toxicomanes, leurs proches et les réfugiés spirituels n'ont pas besoin de votre perfection. Ils ont besoin de votre présence. Ils ont besoin de savoir que même dans votre maladresse, votre incertitude et votre voix tremblante, vous serez à leurs côtés. Être imparfait, c'est être présent. Le perfectionnisme érige des murs. La présence les abat.

Quand les mots sont nécessaires

Écouter ne signifie pas un silence éternel. Parfois, une fois la confiance établie, des mots doux peuvent apporter de l'espoir. Mais le moment est important. Parler trop tôt peut faire taire quelqu'un ou lui donner l'impression d'être jugé. La première étape consiste à écouter suffisamment longtemps pour que l'autre se sente considéré, et non évalué.

Au moment opportun, vos mots n'ont pas besoin d'être profonds. Ils n'ont pas besoin de régler la situation ni d'offrir une solution miracle. Souvent, les mots les plus apaisants sont simples et honnêtes: "Je n'ai pas toutes les réponses, mais je suis avec toi." Ou encore: "Cela semble insupportable, et je vois ta force d'être là aujourd'hui." Ces phrases rappellent à l'autre personne qu'elle n'est pas seule et que son histoire n'est pas trop lourde pour que l'amour puisse la contenir.

Parfois, quand quelqu'un est dans une spirale infernale, un doux rappel d'espoir, exprimé sans pression, peut l'aider à reprendre son souffle. Mais que vos paroles soient lentes, douces et humbles. Ne parlez qu'après avoir mérité d'être entendu. La présence d'abord. Les mots ensuite. Ainsi, votre voix devient un pont, et non une barrière.

Obstacles à l'écoute radicale

Plusieurs obstacles peuvent nous empêcher d'écouter véritablement:

Fierté: croire que vous savez déjà ce qui est le mieux.

Peur: craindre d'entendre quelque chose de douloureux ou d'être entraîné dans le chaos.

Distraction: Laisser l'agitation et le bruit éclipser la présence.

Briser ces barrières exige humilité et courage. Cela implique de reconnaître qu'écouter n'est pas une question de contrôle, mais de connexion.

La dimension spirituelle de l'écoute

L'écoute reflète la façon dont Dieu nous rencontre, non pas par la condamnation, mais par sa présence. Tout au long des Écritures, Dieu écoute: les cris des opprimés, la prière silencieuse d'Anne, les pleurs de Jésus dans un jardin. Pour les réfugiés spirituels, il est essentiel de se rappeler que Dieu n'est pas la voix des sermons humiliants. Dieu est la Présence silencieuse qui entend vos gémissements même lorsque vous ne pouvez formuler de mots.

L'écoute peut aussi être une discipline spirituelle pour celui qui écoute. En accompagnant la douleur de l'autre sans sourciller, on commence à voir l'image de Dieu en lui… et en soi. On apprend à croire que la grâce peut porter des histoires trop lourdes pour être portées seules.

Un appel à la communauté

Les communautés de guérison se construisent sur une écoute radicale. Mais soyons honnêtes, ce n'est pas une tâche facile. Créer une culture d'écoute exige du temps, de l'humilité et une volonté de se sentir mal à l'aise. Il est bien plus simple de s'en tenir à des conversations superficielles ou de se réfugier dans des clans de personnes qui pensent, parlent et vivent comme nous. Mais si nous voulons vraiment créer des espaces où les personnes dépendantes, leurs proches et les réfugiés spirituels peuvent respirer à nouveau, nous devons nous engager dans le travail difficile et sacré de l'écoute.

Au sein de votre communauté, créez des moments privilégiés où les histoires peuvent être partagées et véritablement entendues. Exercez-vous à utiliser des phrases comme "Dites-m'en plus" ou "Ça a l'air vraiment difficile; merci de nous faire confiance." Soyez explicite: l'objectif n'est pas de réparer, de sauver ou de débattre, mais de témoigner. Établissez des règles de base simples: confidentialité, pas d'interruption, pas de conseils non sollicités et pas de jugement. Ces limites permettent aux personnes réduites au silence ou humiliées ailleurs de s'exprimer en toute honnêteté.

À la Communauté de rétablissement GRATUITE, nos services ont lieu le samedi soir. Après mon sermon, nous invitons toujours un conteur à partager son expérience, sa force et son espoir autour du thème de la soirée. Dans cet espace, ils s'expriment librement, sans crainte de jugement ni de condamnation. Leur histoire n'est ni éditée ni édulcorée. Ils partagent leur espoir, et nous, en tant que communauté, avons l'occasion de les écouter. C'est un exemple concret et vivant d'écoute radicale, et la responsabilité nous incombe à tous, et non à un seul individu. La force réside dans la volonté collective d'écouter, de prendre la parole et d'honorer la vérité de chacun.

Équipez votre communauté d'outils d'écoute. Enseignez des techniques d'écoute réflexive: répétez ou paraphrasez ce que quelqu'un a dit pour qu'il se sente compris. Encouragez l'écoute active. Éteignez vos téléphones, établissez un contact visuel et résistez à l'envie de formuler une réponse pendant que quelqu'un parle encore. Pratiquez le silence. Parfois, le don le plus puissant est de rester assis en silence, en laissant le poids de l'histoire de quelqu'un s'installer dans la pièce sans se précipiter pour la remplir.

Affirmez que ce travail est parfois épuisant. Entendre des histoires difficiles peut raviver votre propre douleur, attiser vos peurs ou vous laisser impuissant. C'est normal. Écouter ne signifie pas avoir une force infinie; il s'agit d'être présent avec la force que vous avez et de croire que la grâce comblera vos lacunes.

Prenez soin de vous comme vous prenez soin des autres: faites le point avec des amis ou des mentors de confiance, prenez du recul si nécessaire et ancrez-vous dans vos propres pratiques de prière, de méditation ou de réflexion.

L'écoute radicale rompt les cycles de la honte. Elle construit des ponts entre des personnes qui pensaient n'avoir rien en commun. Elle rappelle à ceux qui sombrent dans le désespoir qu'ils ne sont pas invisibles.

À celui qui lit ceci et se sent dépassé par la tâche: vos efforts comptent. Même si vous n'êtes pas sûr de le faire "bien", votre écoute peut changer la vie de quelqu'un. Le toxicomane au bord du gouffre, l'être cher qui ne tient qu'à un fil, le réfugié spirituel qui se demande si une communauté de foi pourra un jour retrouver la sécurité, ont besoin de communautés qui les soutiennent. Des communautés où le silence est brisé par une oreille attentive. Des communautés qui privilégient la présence à la perfection.

Ce travail n'est pas facile. Il mettra à rude épreuve votre patience, votre cœur et votre ego. Mais c'est un travail nécessaire. C'est l'œuvre de la grâce. Et chaque fois que vous vous penchez pour écouter une histoire, vous créez un espace sacré où l'espoir renaît.

Questions de réflexion pour le chapitre 7

À quand remonte la dernière fois où quelqu'un vous a vraiment écouté sans vous interrompre, vous corriger ou vous juger? Quel effet cela a-t-il eu sur vous?

Quelles peurs ou habitudes vous empêchent d'écouter attentivement les autres, en particulier ceux qui souffrent?

Pensez à un proche ou à un membre de votre communauté touché par la dépendance. Comment une écoute radicale pourrait-elle changer votre relation avec lui?

Comment vous ou votre communauté pourriez-vous intentionnellement créer des espaces sûrs où les gens peuvent raconter leurs histoires sans crainte de honte ou d'exclusion?

Chapitre 8
Aider les sinistrés sans jouer les sauveurs

Le point de rupture
Une confrontation entre frères

Les cris avaient commencé avant même qu'Eli ne ferme la porte d'entrée. La voix de Mark se brisa sous le poids de la colère et de l'épuisement: "Tu m'as encore menti, Eli. J'ai encore payé ton loyer et tu as dit que tu étais clean." Ses poings se serrèrent, non pas par menace, mais dans une tentative désespérée de se retenir de s'effondrer. Eli resta planté là, les épaules affaissées, une odeur d'alcool éventé s'échappant derrière lui.

"Ce n'est pas ce que tu crois", marmonna Eli, les yeux rivés sur le plancher. Mais Mark n'y croyait pas. Il était las des histoires, des demi-vérités. Las de voir son frère sombrer dans la spirale infernale tandis que leur famille vidait ses comptes d'épargne et mettait leurs souvenirs en gage juste pour le maintenir à flot. Las des disputes chuchotées avec leurs parents sur la question de savoir s'il fallait couper les vivres à Eli. Les factures s'accumulaient. La confiance était en miettes. Et pire encore, la foi qui avait autrefois ancré leur famille semblait maintenant une nouvelle victime.

"Tu te rends compte de ce que tu nous fais?" La voix de Mark monta, puis se transforma en une voix plus douce, mi-rage, mi-déchirure. "Papa fait des heures supplémentaires. Maman parle à peine. Et moi? Je suis là, à me demander si je dois te détester ou te serrer dans mes bras." Le silence qui suivit fut étouffant. Eli releva enfin les yeux, sa colère vacillant avant de se transformer en quelque chose de bien plus douloureux: la honte.

À ce moment-là, il n'y avait pas de mots parfaits. Pas de solutions toutes faites. Juste deux frères pris dans les décombres de l'addiction, l'un en proie à la noyade, l'autre haletant à proximité.

Nommer les débris transportés par les familles

Les familles confrontées à la dépendance traversent des champs de mines invisibles. Chaque jour ressemble à une préparation à la prochaine explosion. Les difficultés financières deviennent un compagnon constant, les prêts immobiliers sont annulés, les comptes d'épargne disparaissent et les vacances sont discrètement annulées. La confiance brisée flotte dans l'air comme une fumée qui ne se dissipe pas. La colère envers Dieu couve aux côtés de la colère envers les autres, et la honte assombrit chaque réunion de famille. Ce n'est pas seulement le toxicomane qui ressent de la honte, c'est toute la famille. La honte murmure que vous avez dû faire quelque chose de mal, que les gens vous observent, que vous êtes seul dans cette situation.

Au frère, à la sœur, au parent ou au conjoint qui lit ceci: votre épuisement est réel. Votre souffrance est légitime. Vous vivez une tempête qui ne s'apaise pas et vous en avez assez de faire comme si tout allait bien. Vous n'êtes pas faible parce que vous vous sentez brisé, vous êtes humain.

Pourquoi la communication est souvent interrompue

Lorsque la peur et l'épuisement prennent le dessus, la communication peut devenir une autre victime. Parfois, nous parlons sous l'effet de la panique: les mots sont tranchants, acérés ou désespérés. D'autres fois, nous nous retranchons dans le silence, pensant qu'il est plus prudent de ne rien dire du tout. La colère devient un bouclier. Les ultimatums deviennent des armes. On évite les conversations, car chacun craint trop de déclencher une nouvelle dispute.

Dans les familles, ces schémas sont courants:

Des conversations qui commencent par l'amour mais qui dégénèrent en accusations.

Des textos tard dans la nuit, pleins de reproches et de regrets.

Le traitement silencieux, qui semble plus sûr que de risquer davantage de souffrance.

Des conversations superficielles et sans conviction, car exprimer la vraie douleur semble impossible.

Si vous vous reconnaissez dans ces schémas, vous n'êtes pas seul. Personne ne communique parfaitement lorsque les enjeux sont de vie ou de mort. La bonne nouvelle: il existe une autre solution.

Dire la vérité sans honte ni blâme

Dire la vérité à quelqu'un qu'on aime est difficile, surtout lorsque la dépendance a détruit la confiance. Mais la honte ou le blâme apporte rarement la guérison. La honte accule. Elle plonge les gens dans un isolement plus profond, et l'isolement nourrit la dépendance. Le blâme peut sembler justifié, mais il construit des murs au lieu de ponts.

Le jeu des reproches est un cercle vicieux qui peut piéger toutes les personnes impliquées. Lorsque les reproches fusent, ils ne font pas que piquer, ils s'enveniment. Chaque conversation devient alors un champ de bataille où personne ne sort vainqueur. Le blâme peut donner à la personne qui consomme le sentiment d'être traquée, la poussant à se retirer ou à s'en prendre à elle. Les membres de la famille peuvent se sentir justifiés un instant, mais plus vides par la suite. C'est une spirale dangereuse, car elle enferme chacun dans son rôle: l'accusateur et l'accusé, le sauveur et le méchant.

Pire encore, le blâme nous invite à jouer le rôle de la victime. Il nous insinue que tout le pouvoir et la responsabilité sont ailleurs, que si seulement l'autre changeait, tout s'arrangerait. Mais rester en mode victime ne mène à rien. Cela ne guérit pas les blessures ni ne rétablit la confiance. Cela bloque tout le monde.

Une communication honnête commence par l'humilité et la compassion. Utilisez le "je" pour parler avec votre cœur plutôt que d'accuser.

"J'ai peur pour toi" au lieu de "Tu nous détruis".

"Je me sens blessé quand tu mens" au lieu de "Tu es un menteur".

Évitez les attaques personnelles. Concentrez-vous sur le comportement et son impact. Ancrez vos paroles dans l'amour, et non dans le contrôle. Rappelez-vous: votre objectif est la connexion, et non la victoire dans une dispute.

Et n'oubliez pas: dire la vérité ne signifie pas excuser un comportement destructeur. Vous pouvez nommer le mal sans condamner la personne. Vous pouvez dire: "Ce n'est pas acceptable", tout en disant: "Je t'aime."

Les limites qui retiennent l'amour

Les limites ne sont pas des trahisons, mais des bouées de sauvetage. Ce sont les barrières qui protègent l'amour. Dans les familles détruites par la dépendance, les limites peuvent paraître cruelles. La culpabilité nous insinue que fixer une limite équivaut à abandonner. Mais en réalité, les limites sont le contraire de l'abandon: elles permettent de tenir bon.

Les limites peuvent ressembler à ceci:

"Je ne peux pas te donner d'argent, mais je t'emmènerai dîner."

"Je ne peux pas te laisser rester ici si tu es défoncé, mais je viendrai te chercher demain matin."

"Je t'aime, mais je ne mentirai plus pour toi."

Ces mots ne sont pas faciles à prononcer. Votre voix pourrait trembler. Votre cœur pourrait se briser. C'est normal. Les limites sont difficiles à établir, car l'amour est profond. Mais elles empêchent les relations de s'effondrer complètement sous le poids du chaos. Ce sont des actes de courage et de compassion, qui laissent place à l'amour tout en refusant de permettre le mal.

Écouter même quand ça fait mal

Écouter un proche aux prises avec une dépendance peut être insupportable. Vous pourriez percevoir le déni, la colère ou le blâme se retourner contre vous. Vous pourriez ressentir chaque mot comme une blessure nouvelle. Mais écouter ne signifie pas acquiescer ou approuver. Écouter, c'est témoigner. C'est dire: "Je vois ta douleur, même si elle est profonde."

Rester ancré peut aider:

Respirez profondément avant de répondre.

Si nécessaire, éloignez-vous un instant pour vous ressaisir.

Ensuite, appuyez-vous sur votre propre soutien, vos amis, vos mentors ou les membres de votre communauté de confiance qui peuvent comprendre vos sentiments sans vous juger.

Écouter même quand ça fait mal ne signifie pas laisser quelqu'un vous marcher dessus, mais créer un espace où la honte perd son emprise.

La dimension spirituelle de la conversation à travers les décombres

Lorsque des familles sont déchirées par la dépendance, la colère envers Dieu est courante. Vous avez peut-être prié mille fois et pourtant vu le fond s'effondrer. Vous vous êtes peut-être senti abandonné ou trahi par la foi en laquelle vous aviez autrefois foi. Les réfugiés spirituels portent souvent les cicatrices des églises qui ont réagi par des platitudes ou des condamnations au lieu de faire preuve de compassion.

Mais Dieu n'est pas la voix de la honte ni l'auteur de l'abandon. Il est présent dans les décombres, silencieux, patient et assez fort pour contenir votre colère. Jésus lui-même s'est assis auprès des personnes en deuil, des personnes qui doutent et des exclus sans exiger une foi pure et simple. Lorsque vous dites la vérité ou que vous vous asseyez en silence avec l'être aimé, vous reflétez cette présence divine. Vous n'avez pas à défendre Dieu ou l'Église. Vous n'êtes pas appelé à réparer l'âme d'autrui. Vous êtes appelé à aimer, même dans le désordre.

Parler de ses blessures est un acte spirituel, car cela signifie: "Je ne laisserai ni la honte ni le désespoir avoir le dernier mot." Cela crée un petit sanctuaire là où vous êtes.

Outils pratiques pour les conversations difficiles

Les conversations difficiles sont rarement claires, mais vous pouvez vous préparer:

Préparez d'abord votre cœur. Prenez le temps de respirer, de prier, de méditer ou de tenir un journal avant d'aborder un proche. Centrez-vous pour que la peur et la colère ne perturbent pas la conversation.

Choisissez judicieusement votre moment. Évitez d'entamer des conversations profondes en pleine crise ou en pleine dispute. Attendez que les émotions soient suffisamment retombées pour engager un véritable dialogue.

Utilisez des phrases d'ancrage. Un langage simple et clair est idéal:

"Je t'aime trop pour rester silencieux."

"Je suis là, mais je ne peux pas te sauver."

"Je te fais confiance pour franchir la prochaine étape."

Préparez du soutien. Après la conversation, faites le point avec un ami de confiance ou un mentor. Laissez quelqu'un vous aider à exprimer vos émotions. Vous n'êtes pas censé porter cette situation seul.

Un mot à celui qui tient par un fil

Si vous lisez ceci et que vous vous sentez au bout du rouleau, si vos factures sont en souffrance, si votre confiance est brisée, si vous êtes en colère contre Dieu et contre tout le monde, sachez que votre douleur est réelle et que votre amour compte toujours. Vous n'êtes pas faible parce que vous êtes fatigué. Vous êtes fatigué parce que vous avez mené un combat plus grand que vous.

À celui qui arpente la pièce à 3 heures du matin, repassant chaque conversation en se demandant s'il avait manqué une formule magique qui aurait pu le sauver… il n'y est pas parvenu. À celui qui cache les bouteilles vides, dissimule les mensonges ou garde des secrets pour préserver l'image de sa famille: vous n'êtes pas seul, et vous n'êtes pas invisible. À celui qui a prié jusqu'à en avoir mal aux genoux, crié dans un oreiller ou murmuré au plafond: "Dieu, où es-tu?" vos cris ont été entendus.

Vous portez un poids que personne n'aurait dû porter seul. L'addiction est une voleuse, et elle vous a volé aussi. Elle vous a volé votre sommeil, votre confiance, votre rire et peut-être même votre foi. Elle a tenté de vous convaincre que vous étiez impuissant et abandonné. Mais entendez-le bien: vous n'êtes ni impuissant ni abandonné.

C'est normal de s'effondrer. C'est normal de crier, de pleurer et de tout remettre en question. Mais ne croyez pas au mensonge qui vous dit que vous n'avez plus d'autre choix. Même ici, au milieu des décombres, l'espoir est toujours vivant. Il n'a peut-être pas l'air impeccable ni joli, mais il respire. C'est l'ami qui vous envoie un texto juste au moment où vous êtes sur le point d'abandonner. C'est la communauté qui vous soutient même lorsque vous n'y parvenez plus. C'est le murmure de la grâce qui vous rappelle que l'histoire n'est pas terminée.

Et sachez ceci: Dieu s'identifie à votre souffrance. Dans l'Évangile de Luc, Jésus raconte l'histoire d'un père qui devait se tenir chaque jour au bord de la route, scrutant l'horizon à la recherche de son fils perdu. Ce père savait ce que c'était que d'attendre le cœur brisé, de ressentir la douleur de l'absence, d'aimer sans garantie. Dieu est ce Père. Dieu sait ce que c'est que d'attendre, d'espérer, de pleurer et d'aimer sans relâche. Lorsque vous vous sentez invisible et abandonné, rappelez-vous: le Dieu qui vous attend sur la route comprend vos larmes et votre désir. Dieu n'est pas loin de votre douleur... Dieu est à vos côtés.

Vous n'êtes pas obligé de sauver l'être aimé. Vous ne pouvez pas le guérir en aimant plus fort ou en faisant plus de sacrifices. Ce fardeau vous écrasera. Ce que vous pouvez faire, c'est rester attaché à l'amour, à la vérité et à ceux qui vous tiendront la main quand vous serez trop fatigué pour rester debout. Franchissez la prochaine petite étape: appelez un ami, allez à une réunion, récitez une prière sans fioritures, ou respirez simplement. Vous n'êtes pas seul et vous n'avez pas à mener ce combat seul.

Vision de clôture
Une communauté où personne n'est seul

Imaginez une communauté où les conversations sur la dépendance ne se chuchotent pas, mais sont bienvenues. Où les familles peuvent pleurer, crier ou se confesser sans crainte de condamnation. Où le toxicomane n'est pas réduit à ses pires choix et où la famille n'est pas condamnée. Où chacun croit en un Dieu plus grand que sa douleur, un Dieu qui ne fait pas honte, mais qui guérit.

C'est ce que nous construisons ensemble. Ni la perfection, ni les solutions miracles. Mais des espaces sacrés et chaotiques où l'amour parle plus fort que la honte et où l'écoute porte le poids de la grâce. Parler à des proches brisés n'est pas une stratégie, c'est un acte de solidarité. C'est dire: "Même ici, dans les décombres, nous trouverons des moyens de parler de vie."

À la Communauté de rétablissement FREE, c'est pourquoi nous nous réunissons tous, toxicomanes, proches de toxicomanes et réfugiés spirituels, car nous sommes tous dans le même bateau. Nous écoutons, nous pleurons, nous célébrons et nous nous rappelons mutuellement l'espoir. Notre mission est de briser le silence de la dépendance tout en créant un espace de guérison, de rétablissement et de connexion spirituelle. Cette mission est essentielle dans un monde où tant de personnes se sentent seules, convaincues de lutter contre leurs démons dans l'isolement. À la Communauté de rétablissement FREE, nous nous rappelons mutuellement que nous ne sommes jamais seuls. Ensemble, nous pouvons briser le silence, et nous ne faisons pas honte. Ce genre de communauté ne se construit pas par hasard, elle se construit intentionnellement, brique par brique, histoire par histoire, acte de grâce après acte de grâce. C'est le travail difficile et sacré de créer un lieu où personne n'a à affronter seul les décombres.

Questions de réflexion pour le chapitre 8

À quel moment vos paroles, exprimées sous le coup de la peur ou de la colère, ont-elles causé un préjudice involontaire lors d'une conversation difficile? Comment pourriez-vous aborder cette conversation différemment aujourd'hui?

Quelles limites vous semblent à la fois nécessaires et terrifiantes à maintenir avec quelqu'un que vous aimez?

Comment le fait de passer du blâme à une vérité pleine de compassion pourrait-il créer un espace de guérison dans l'une de vos relations?

Qui, dans votre communauté, peut vous accueillir après une conversation difficile? Comment pourriez-vous les inviter à participer?

Chapitre 9
La langue de l'espoir sans les conneries

Mon histoire
L'espoir dans les ruines

C'était le lundi matin 7 janvier 2013. J'étais de nouveau évanoui sur le canapé. J'avais des élancements dans la tête, la bouche sèche, et j'entendais ma femme, Tami, se préparer pour aller travailler à l'étage. Je me suis levé brusquement du canapé, essayant de faire croire que j'avais ma vie en main, même si j'étais épuisé et brisé. En me dirigeant vers l'escalier, je l'ai vue en haut, immobile, tenant une autre bouteille de vodka vide que j'avais cachée. J'avais des bouteilles planquées partout dans la maison, me croyant malin.

Les larmes de Tami coulaient sur son visage tandis qu'elle me regardait et me demandait: "Ryan, qu'est-ce qu'on va faire?" Et pour une raison inconnue, à cet instant précis, je l'ai entendue. Vraiment entendue. C'était comme si la partie était finie. J'ai compris le "nous" dans sa question et j'ai su que je n'étais pas seule. Ce matin-là a marqué le point de rupture et le début. C'est le jour où je me suis lancée dans un programme de rétablissement en 12 étapes. Je n'ai plus touché à un verre depuis.

Tami et moi ne nous sommes pas rétablies comme par magie ce jour-là. Nous sommes restées ensemble, mais il nous a fallu une honnêteté brutale, une thérapie, des larmes nocturnes et beaucoup de grâce.

Chacune de nous a dû guérir, séparément et côte à côte. Et aujourd'hui, nous avons un mariage et une famille qui ne sont pas parfaits, mais qui sont beaux et authentiques. De ces décombres est née la rédemption. Nous pouvons maintenant parcourir ce chemin de guérison ensemble, côte à côte avec d'autres qui comprennent ce combat. C'est un miracle que nous ne tenons jamais pour acquis, et c'est la preuve que même dans les ruines, l'espoir peut renaître.

Ce moment n'était ni glamour ni cinématographique. Il n'y avait pas de musique parfaite, pas de solution miracle, pas de certitude fulgurante. C'était brut. C'était laid. Et c'était réel. C'est la preuve que l'espoir n'arrive pas dans un emballage clinquant. Parfois, l'espoir vient vêtu des vêtements de la veille, empestant la vodka, vous fixant du haut des escaliers, les larmes aux yeux.

Pourquoi la positivité bon marché échoue

Les gens aiment proposer des solutions rapides, car cela donne l'impression que le chaos est contrôlable. "Tout arrive pour une raison." "Dieu ne vous donne pas plus que ce que vous pouvez supporter." "Soyez positif." Vous avez peut-être déjà entendu ces phrases. Vous les avez peut-être prononcées. Mais soyons honnêtes: quand votre monde est en feu, ces mots peuvent faire mal. Ils ne guérissent pas. Ils les rejettent. Ils donnent à la personne qui souffre le sentiment d'être invisible.

La positivité facile n'est pas de l'espoir, c'est du déni enjolivé. C'est un moyen d'éviter de plonger dans la douleur. Et pour ceux qui ont été blessés par des platitudes religieuses, ces mots ne tombent pas à plat, ils rouvrent des blessures. Les réfugiés spirituels, en particulier, entendent ces clichés et se disent: "C'est pour ça que je suis parti." Ils ont besoin d'honnêteté, pas de slogans. Ils ont besoin de quelqu'un prêt à s'asseoir sur les cendres avec eux, pas de quelqu'un qui essaie de les balayer sous le tapis.

Je n'oublierai jamais les 30 premiers jours de sobriété, assis à la table de la cuisine de mon parrain. C'était un jeudi soir, et j'étais fragile, en colère, désespéré de croire encore à une quelconque crédibilité spirituelle. Il m'a regardé droit dans les yeux et m'a dit: "Ryan, c'est peut-être dur à entendre, mais tu es spirituellement déconnecté." Ces mots m'ont fait l'effet d'un coup de poing au ventre. Je le détestais pour ces paroles. J'étais pasteur, pour l'amour du ciel. J'avais une licence d'études bibliques et une maîtrise en théologie. Si j'étais spirituellement déconnecté, que me restait-il? À ce moment-là, je n'avais plus l'impression de rien, et pourtant, c'est précisément dans ce "rien" que Dieu a commencé à me reconstruire. Parfois, ces mots qui semblent une condamnation à mort sont en réalité une invitation à une vie nouvelle.

L'espoir, sans artifice, regarde la douleur en face et refuse de la quitter. Il ne se précipite pas pour réparer ou dissimuler. Il dit: "C'est affreux, mais ce n'est pas tout."

Espoir sincère: concilier douleur et possibilité

L'espoir sincère ne nie pas la réalité. Il n'édulcore pas les rechutes et ne minimise pas la confiance brisée. Il ne prétend pas que l'être aimé sera guéri comme par magie d'ici mardi prochain. L'espoir sincère met en tension ces deux vérités: le désastre est réel, tout comme la possibilité de rédemption.

Ce genre d'espoir est ardent. C'est le genre d'espoir qui persiste, même dans la peur. Il est concret, pas brillant. La sagesse du rétablissement le dit: "Un jour à la fois." "Le progrès, pas la perfection." Ces phrases ne sont pas des slogans faciles, ce sont des cris de guerre pour ceux qui se battent pour retrouver la vie. Elles nous rappellent que l'avenir ne se résout pas d'un seul coup, et que la guérison est possible, même si elle n'est ni rapide ni propre.

À ceux qui ont été échaudés par de fausses promesses ou des manipulations religieuses, écoutez ceci: l'espoir n'appartient pas à ceux qui ont tout compris. L'espoir est pour les sceptiques, les épuisés, les en colère, ceux qui n'arrivent même pas à prier en ce moment. L'espoir est pour vous aussi.

Nommer les petits miracles

Les grands changements de situation font la une des journaux. Mais dans la vraie vie, le rétablissement et la guérison surviennent souvent par de petits moments, presque invisibles. Le rappel inattendu. Le jour où votre proche choisit l'honnêteté plutôt que de se cacher. Le premier rire sincère que vous entendez de lui depuis des mois. Le petit miracle de se réveiller et de réaliser qu'on a passé une journée sans apaiser la douleur.

Observer les petits miracles ne signifie pas faire comme si tout allait bien. Il s'agit de choisir de voir la vie scintiller entre les fissures. En identifiant ces moments, on commence à développer sa résilience. On se rappelle que le désespoir n'a pas le dernier mot.

Et ce n'est pas seulement pour vous. Citer à voix haute de petits miracles est un cadeau pour la communauté. Parfois, la personne assise à côté de vous ne voit aucune lumière pour elle-même, mais quand vous prenez la parole et dites: "Ma fille m'a envoyé un SMS aujourd'hui, juste pour me dire qu'elle allait bien", ou "J'ai survécu à cette journée sans boire", vous tenez une lanterne dans l'obscurité pour quelqu'un d'autre. Vous dites: "Regardez, l'espoir est là, même s'il est petit."

Les petits miracles, c'est comme un fils qui arrive en retard, mais sobre, au dîner de Thanksgiving pour la première fois depuis des années. C'est comme un parrain qui décroche son téléphone lors d'une nuit blanche. C'est comme le toxicomane qui admet un écart au lieu de le cacher. C'est comme la prière d'une mère murmurée dans l'épuisement, ou comme un père qui choisit d'écouter plutôt que de crier cette fois. C'est comme un sourire à l'autre bout de la salle à la FREE Recovery Community, comme l'étreinte d'un inconnu qui ne demande rien en retour, ou comme une limite enfin tenue après des années de chaos.

Ces moments sont sacrés non pas parce qu'ils sont clinquants, mais parce qu'ils sont réels. Ils sont la preuve que Dieu est à l'œuvre là où nous oublions souvent. Ils nous insufflent du courage et nous rappellent que chaque pas en avant, aussi petit soit-il, est la preuve que la vie résiste au désespoir.

Et voilà le problème: nous devons cesser de chercher Dieu uniquement dans les grands moments cinématographiques. Les éclairs. Les conversions massives. Les témoignages parfaitement ficelés. Si nous attendons cela, nous passerons à côté de l'action de Dieu. Souvenez-vous de l'histoire de 1 Rois 19 où Élie se tenait sur la montagne, attendant Dieu au milieu des rochers brisés, du vent rugissant, du tremblement de terre et du feu, mais Dieu n'était présent dans aucun de ces moments. Puis un léger murmure vint, et c'est là que Dieu était. Parfois, nous le manquons tout simplement. Dieu est dans les conversations tranquilles à la table de la cuisine. Dieu est dans le voyage que vous avez offert à un ami quand vous n'aviez pas le temps. Dieu est dans le rire fatigué mais courageux après une dure journée. L'ordinaire n'est pas ordinaire du tout. C'est une terre sainte. Le rétablissement nous enseigne que le sacré n'est pas toujours criard. Parfois, il est subtil et passe facilement inaperçu, caché dans le quotidien.

N'attendez plus le feu d'artifice. Cherchez la lueur. Soyez attentif aux petits signes tenaces de vie qui vous entourent. C'est là que Dieu est. C'est là que l'espoir renaît.

Parler d'espoir aux toxicomanes et à leurs proches

L'espoir n'est pas un argumentaire commercial. Il ne s'agit pas de faire comme si tout allait bien. Il s'agit de dire des mots à la fois vrais et porteurs de vie. En parlant d'espoir, vous ne promettez pas une solution miracle ni une guérison sans douleur, vous rappelez à quelqu'un qu'il n'est pas seul et qu'il n'est pas irrécupérable.

Essayez des mots comme:

"Je crois que vous pouvez affronter aujourd'hui, même si demain semble impossible."

"Vous n'êtes pas au-delà de la guérison, peu importe à quoi ressemblent les dégâts."

"C'est dur, et je suis là avec toi."

"Tu es bien plus que la pire chose que tu aies faite."

À l'être cher d'une personne dépendante: se parler d'espoir est aussi important. Dire: "Je ne peux pas contrôler ça, mais je peux choisir d'aimer sans laisser personne agir" est un acte d'espoir. Dire: "Je compte, même quand je me sens invisible" est un acte d'espoir. Votre voix mérite d'être entendue, autant par les autres que par vous-même.

Si vous avez déjà été brûlé par de faux espoirs, vos doutes sont fondés. On vous a peut-être promis que cette fois-ci serait différente, que la rechute serait la dernière, qu'une prière rapide ou une nouvelle cure de désintoxication arrangerait tout. Peut-être vous êtes-vous murmuré: "Je ne peux plus recommencer", car le prix de l'espoir vous semble trop élevé. Pour le toxicomane las de décevoir tout le monde, pour la mère, le frère, le partenaire ou l'ami qui a vu ses promesses voler en éclats encore et encore, vous n'êtes pas stupide de vous sentir sur vos gardes. Cette surrection est une cicatrice, et les cicatrices révèlent la vérité sur votre passé.

Mais le véritable espoir est différent. Il ne nie pas les dégâts ni ne prétend que la douleur n'a jamais existé.

Il n'offre pas de formule magique ni de garanties absolues. Le véritable espoir respire dans les moments sombres. Il vous accompagne au milieu du chaos et vous dit: "Même ici, même maintenant, l'histoire n'est pas terminée." L'espoir est brut et brut. Il naît de gestes d'amour discrets: un parrain qui répond au téléphone au milieu de la nuit, un ami assis à côté de vous au tribunal, un petit groupe de personnes qui choisissent d'être présente semaine après semaine sans être jugées. L'espoir est vivant, non pas parce que tout est réparé, mais parce que même dans les ruines, la connexion est plus forte que le désespoir.

La dimension spirituelle de l'espoir

L'espoir est profondément spirituel, mais pas de la manière aseptisée et axée sur la performance qu'on nous a souvent enseignée. Il ne s'agit pas de faire semblant d'aller bien ou d'avoir une foi absolue. Il s'agit d'oser croire que même dans la nuit la plus noire, la lumière est encore possible.

Les Écritures nous répètent sans cesse que Dieu se manifeste dans le désordre: dans les déserts, dans les prisons, sur les mers déchaînées, au bord des tombes. Jésus n'a pas offert l'espoir à distance, il a marché dans le chaos, s'est assis avec les exclus et a pleuré avec les endeuillés. L'espoir ne consiste pas à attirer l'attention de Dieu, mais à découvrir que Dieu a toujours été avec vous dans les décombres.

Pour les réfugiés spirituels, c'est important. On vous a peut-être dit que le doute vous disqualifie ou que la colère contre Dieu vous rend indigne. Mais vos questions, votre colère, votre épuisement ne sont pas des obstacles à la présence de Dieu. Ce sont les lieux mêmes où l'espoir peut percer. Dieu n'est pas menacé par votre colère, vos doutes ou vos questions difficiles. Il peut les gérer. La religion peut être menacée par votre honnêteté, mais pas Dieu.

Construire une culture de l'espoir

L'espoir ne survit pas seul. Il a besoin d'un lieu où respirer, où s'exprimer à voix haute. À la Communauté de rétablissement GRATUITE, nous croyons au rassemblement, car l'isolement tue l'espoir, mais les liens le ravivent. Nous nous rappelons mutuellement l'importance de célébrer un jour de plus sans alcool, une limite de plus respectée, une personne de plus franchissant la porte.

Nous nous unissons aussi dans les moments de mort et d'obscurité. Notre communauté connaît la mort sous toutes ses formes, overdose, alcoolisme, abandon. Nous nous sommes tenus près de cercueils et de lits d'hôpitaux, et nous nous sommes assis dans des salons où l'air était lourd de désespoir. Même dans ces moments-là, surtout dans ces moments-là, nous nous rappelons que nous sommes tous dans le même bateau. On n'est pas seul. On se soutient les uns les autres quand le monde semble trop lourd à porter, et d'une certaine manière, dans ce deuil partagé, l'espoir renaît.

Nous nous rappelons mutuellement que nous ne sommes qu'une poignée de petits miracles errants, nous donnant mutuellement de l'espoir, refusant de laisser le désespoir prendre le dernier mot. Nous croyons que Dieu est présent dans toute cette œuvre magnifique, désordonnée et imparfaite, ici même parmi nous, non loin de nous, attendant que nous nous ressaisissions.

À ceux qui ont douté de la communauté, de l'espoir, de l'œuvre de Dieu dans le monde, sachez que vous n'êtes pas seul dans vos doutes. Nul besoin d'être raffiné ou sûr de vous. Chez FREE, nous sommes la preuve que même les sceptiques peuvent être surpris par la grâce. Dieu se manifeste dans les rires partagés, les larmes partagées et les petits moments de sainteté où quelqu'un dit "Moi aussi" et vous réalisez que vous n'êtes pas seul.

Vision de clôture
L'espoir comme acte de défi

L'espoir n'est pas un optimisme naïf. C'est le choix de se tenir debout dans les décombres et de dire: "Ce n'est pas la fin." C'est refuser de laisser la honte définir l'histoire ou le désespoir dicter l'avenir. C'est un acte de défi, de courage et d'obstination.

Imaginez un monde où les toxicomanes, leurs familles et les réfugiés spirituels ne se cachent plus dans la honte. Où le langage de l'espoir n'est ni aseptisé ni édulcoré, mais honnête, brut et vivant. Où les communautés créent des espaces de guérison et de connexion que personne n'a à mériter.

L'espoir n'est pas réservé aux forts ni aux saints. Il est réservé aux sceptiques, aux épuisés et aux cœurs brisés. Il est pour vous. Il est pour ceux qui pensent n'avoir plus rien. Même ici, même maintenant, l'espoir respire encore. Vous pouvez l'exprimer, le partager et le construire, brique par brique, histoire par histoire, jusqu'à ce que le désespoir n'ait plus où se cacher.

Questions de réflexion pour le chapitre 9

À quel moment quelqu'un vous a-t-il parlé d'espoir avec franchise et honnêteté, plutôt qu'avec des paroles mielleuses? Quel impact cela a-t-il eu sur vous?

À quel moment de votre vie ou de vos relations pourriez-vous commencer à citer de petits miracles comme un moyen de nourrir l'espoir?

Comment pouvez-vous transmettre de l'espoir à vous-même ainsi qu'au toxicomane ou à l'être cher que vous accompagnez?

Quelle mesure pouvez-vous prendre pour contribuer à bâtir une culture d'espoir, au sein de votre famille, de vos amitiés ou de votre communauté, où la honte et le désespoir n'ont pas le dernier mot?

Chapitre 10
Créer un espace pour la guérison, le rétablissement et la connexion spirituelle

L'histoire d'Adam
L'appartenance qui sauve des vies

Adam n'est pas le genre d'homme dont la plupart des églises savent quoi faire. Il est sobre depuis huit ans maintenant, mais son passé est gravé sur lui, des tatouages lui parcourent le cou et le visage comme une carte de survie. Il a fait de la prison. Il fait partie d'un club de motards sobres. Et il lâche des mots comme si c'était une virgule. Si vous cherchez un langage religieux soigné, Adam vous offensera avant même de vous saluer.

Mais demandez à ma femme, Tami, de nommer cinq personnes en qui elle a le plus confiance dans notre communauté de rétablissement GRATUITE, et Adam sera l'une d'entre elles, à chaque fois.

La semaine précédant le moment où Adam nous a raconté son histoire en tant que conteur invité du samedi soir, il était assis en face de moi dans mon bureau, nerveux comme seuls les plus courageux le sont. Il avait survécu à des traumatismes et des abus, à des années d'autodestruction par la drogue et l'alcool, et aux murs de la prison qui tentaient de le briser. Il avait retrouvé la sobriété et avait appris le lent et difficile travail de reconstruction. Il n'avait pas peur de la foule. Mais il avait peur d' être vulnérable.

Je lui ai demandé: "Pourquoi es-tu ici à FREE? Pourquoi reviens-tu sans cesse?"

Adam baissa les yeux un instant, puis les releva d'une voix basse mais assurée. "Ryan… J'ai fait des choses terribles. Je ne comprends pas la Bible. Mais dès le premier jour ici, on m'a dit que j'avais ma place. On m'a dit que c'était chez moi. On m'a dit que Dieu m'aimait. Et je commence vraiment à y croire."

C'est ça, l'appartenance. Ce n'est pas un slogan, ni une stratégie astucieuse de croissance de l'Église. C'est une bouée de sauvetage.

Le soir où Adam a partagé son histoire, il est monté sur notre petite scène, la voix tremblante, tandis qu'il nous racontait son passé: le traumatisme, les abus, la drogue, la cellule. Et puis, le miracle de la liberté. Lorsqu'il a terminé, la salle s'est levée pour une ovation. Ce n'était pas pour la perfection. Ce n'était même pas pour la survie. C'était pour le courage de se tenir debout au milieu des décombres et de parler de la vie.

Adam est souvent le premier à franchir les portes, demandant comment il peut être utile. Et voici ce que j'ai appris en l'observant: quand les gens comprennent enfin qui ils sont, qu'ils sont aimés, vus et reconnus, leurs actions suivent. L'appartenance change tout.

C'est le cœur battant de FREE Recovery Community: créer des espaces où les personnes qui ont été rejetées, brûlées par la religion ou accablées par la dépendance découvrent qu'elles ne sont pas seules et que la grâce a aussi de la place pour elles.

Pourquoi l'espace est plus important que les programmes

Les programmes peuvent être utiles. Les cours, les programmes, les étapes et les stratégies peuvent tous jouer un rôle. Mais l'espace, ce genre d'espace sacré où quelqu'un comme Adam peut entrer et respirer à nouveau, change des vies. On ne vient pas à FREE parce que nous avons la programmation la plus soignée ou le meilleur café (même si, soyons honnêtes, nous avons le meilleur café). On vient parce qu'on sent quelque chose de réel: un endroit où l'on peut arriver briser, confus, en colère ou sceptique sans être rejeté.

Les dépendants, leurs proches et les réfugiés spirituels ont entendu trop de promesses de solutions faciles. On leur a servi des slogans faciles comme "Priez plus fort", "Soyez positif", "Tout arrive pour une raison" ou "Une retraite d'un week-end résoudra tout". On leur a promis qu'un seul livre, un seul culte ou une seule conférence de motivation effaceraient des années de douleur et de traumatisme. On a dit à certains que si leur foi était suffisamment forte, leur proche ne rechuterait pas, ou que c'était leurs propres doutes qui étaient à l'origine du problème. Et lorsque ces promesses ont été déçues, la honte s'est aggravée. Ces raccourcis ne guérissent pas seulement mal; ils laissent des cicatrices.

Pour la mère qui veille nuit après nuit à écouter la porte grincer, pour le frère qui a vu son frère s'autodétruire, pour le réfugié spirituel qui a quitté l'église après avoir été accusé de sa propre souffrance, vous n'êtes pas invisible. Vous n'êtes pas stupide de vous sentir sur vos gardes ou épuisé. Vous êtes vu. Vous êtes entendu. Vous êtes valorisé.

Ce qui guérit, c'est la présence, pas le raffinement. C'est la chaise ouverte, l'oreille attentive, l'étreinte qui ne demande rien en retour. L'espace dit aux gens: on compte avant de se soigner soi-même. On a sa place avant de tout croire.

Chez FREE, nous avons constaté à maintes reprises que lorsque l'espace est sûr, les cœurs s'ouvrent. Le toxicomane ose murmurer la vérité. L'être aimé ose pleurer. Le réfugié spirituel ose poser une question. L'espace est l'endroit où Dieu peut accomplir ce que les programmes seuls ne pourront jamais accomplir.

Hospitalité et accueil radicaux

L'hospitalité radicale ne se résume pas à une perfection raffinée ou à des banalités polies. Il ne s'agit pas de salutations préétablies ni de politesses superficielles. C'est un accueil brutal et maladroit qui risque de frôler la douleur de l'autre. C'est s'asseoir à côté de celui qui se sent invisible. C'est choisir de rester présent lorsque son histoire vous met mal à l'aise ou remet en question vos préjugés.

Pour les toxicomanes et leurs proches, pour ceux qui ont quitté l'église par honte ou par souffrance, l'hospitalité n'est pas une option, c'est une bouffée d'oxygène. Un accueil sincère peut dissiper des années de suspicion. Il peut ouvrir un cœur fermé depuis longtemps.

Mais voici la vérité: l'accueil radical est impossible sans authenticité. Ceux qui ont survécu à une addiction ou ont été brûlés par la religion peuvent déceler la fausse gentillesse en quelques secondes. On leur a déjà vendu des masques et des performances. Ils n'en ont pas besoin de plus, ils ont besoin de vrai. Entrer dans une pièce et voir des gens pleinement eux-mêmes, désordonnés, imparfaits, bruts, c'est s'autoriser à respirer. L'authenticité dit: "Tu n'as pas besoin de te corriger pour avoir ta place ici."

Chez FREE, l'accueil est radical, car les gens n'ont pas à faire semblant. Les dirigeants reconnaissent leurs propres blessures. Les bénévoles rient bruyamment, pleurent ouvertement et laissent tomber leur masque à la porte. Nous avons appris que l'hospitalité ne consiste pas à créer un environnement parfait, mais à créer un environnement authentique. Lorsque nous nous présentons tels que nous sommes, nous montrons à tous qu'ils peuvent aussi le faire.

Ce genre d'accueil peut être inconfortable. Il implique d'être prêt à entendre des histoires qui ébranlent vos préjugés, de vous asseoir à côté de quelqu'un qui ne vous ressemble pas et ne parle pas comme vous, de risquer que votre propre foi soit mise à l'épreuve ou remodelée. Mais cet inconfort est sacré, c'est là que naît le lien. L'hospitalité radicale dit: "Je ne vous demanderai pas de devenir quelqu'un d'autre avant de pouvoir appartenir à quelqu'un d'autre."

L'authenticité transforme l'hospitalité d'une simple poignée de main en une bouée de sauvetage. Elle transforme une pièce en refuge. Et elle rappelle à chaque personne qui franchit la porte: vous n'êtes pas là pour impressionner, vous êtes là pour être vu.

Bâtir la confiance grâce à la cohérence et à la vulnérabilité

La confiance ne s'acquiert pas par une poignée de main chaleureuse ou un sermon touchant. Elle se construit en une centaine de petits moments: être présent, tenir parole, admettre ses propres défauts. Dans des communautés comme FREE, beaucoup arrivent avec les cicatrices de l'église ou de relations où la confiance a été trahie. Ils guettent si votre accueil durera au-delà du premier bonjour.

La cohérence dit: "Je suis toujours là quand l'enthousiasme s'estompe." La vulnérabilité dit: "Tu n'as pas à faire semblant, car je ne fais pas semblant non plus." Lorsque les dirigeants prennent le risque d'être honnêtes sur leurs propres blessures, cela donne aux autres la permission de cesser d'être performants et de commencer à guérir.

C'est un travail lent, parfois frustrant. Mais lorsque la confiance commence à s'installer, les murs tombent. Le toxicomane commence à croire que la guérison pourrait durer. Le réfugié spirituel commence à soupçonner que Dieu ne l'a finalement pas abandonné. Et l'être cher d'un toxicomane ose à nouveau espérer.

Reconstruire la confiance est difficile, mais la guérison nous montre que c'est possible. La guérison elle-même est la preuve que les choses brisées peuvent être réparées. Après avoir traversé ses propres ténèbres et connu la grâce, on commence à croire que la confiance peut être regagnée, non pas du jour au lendemain, ni parfaitement, mais petit à petit. Le processus est complexe, mais chaque petit acte d'intégrité, chaque parole sincère, chaque fois que l'on se montre présent quand on le dit, constitue une pierre d'achoppement. La guérison nous enseigne que la confiance n'est pas une question de perfection, mais de persévérance.

Intégrer la connexion spirituelle sans bagage religieux

La spiritualité qui guérit n'intimide ni ne manipule. Elle invite. Elle laisse place au silence, aux questions et au doute. Elle dit: "Venez tels que vous êtes, même si vous êtes en colère, même si vous doutez." Elle n'exige pas que vous appreniez par cœur les bons versets, que vous vous purifiiez ou que vous prouviez votre valeur avant de vous approcher de ce qui est sacré. Elle comprend que certains hésitent à entendre les mots mêmes d'"Église" ou de "Dieu", car ces mots ont été utilisés comme une arme contre eux.

Ce genre de spiritualité ne se cache pas derrière des performances soignées ou un jargon religieux. Elle rencontre les gens dans les cuisines, sur les porches, dans les cafés, ou assis tranquillement en cercle, sans que personne n'ait à faire semblant. Elle sait qu'un "à l'aide" murmuré est aussi puissant qu'une prière criée. Elle reconnaît qu'une larme partagée peut avoir autant de poids sacré qu'un sermon. Et elle célèbre le fait que la découverte du sacré se produit souvent dans de petits moments ordinaires: une conversation plus profonde que prévu, les paroles d'une chanson qui brisent un cœur endurci, un lever de soleil paisible après une nuit blanche.

En nous libérant de ce fardeau, la spiritualité devient moins une question de défense de doctrines qu'une question de connexion des cœurs. Elle nous rappelle que Dieu n'est pas menacé par nos doutes ou notre colère, et que la grâce est assez grande pour nous accueillir dans chaque partie de nous-mêmes. Elle permet à ceux qui ont été brûlés par la religion de respirer à nouveau et de commencer à croire que le sacré ne les a pas abandonnés.

Depuis le commencement, Dieu rencontre les gens dans des lieux authentiques et authentiques. Dans l'Exode, il rencontre Moïse non pas dans une salle du trône, mais dans un buisson ardent, sur le flanc d'une montagne solitaire. Dans les Évangiles, Jésus rencontre les gens sur des routes poussiéreuses, à table avec des collecteurs d'impôts, au bord d'un puits avec des parias, et sur des mers agitées avec des amis terrifiés. Le Christ ressuscité rencontre ses disciples sur une plage ordinaire, préparant le petit-déjeuner au feu. L'Écriture ne cesse de nous le répéter: Dieu se manifeste là où on s'y attend le moins, là où nous pouvons enfin déposer nos bagages et être honnêtes quant à nos blessures. Les bagages que nous portons, la honte, les règles rigides, la peur de ne pas être à la hauteur, nous empêchent d'entrer dans ces lieux sacrés. Lâcher prise ne signifie pas rejeter la foi; il s'agit d'entrer dans une connexion plus profonde et plus vraie avec Dieu, qui est déjà là, attendant dans le désordre et l'ordinaire.

Le pouvoir des histoires partagées et de la guérison communautaire

Les histoires guérissent là où les sermons n'y parviennent pas. Elles brisent la honte, démantèlent les stéréotypes et nous rappellent que nous ne sommes pas seuls. Quand quelqu'un se lève et dit: "C'est mon effondrement, et je suis toujours là", cela crée une sorte de défi sacré au désespoir. Les histoires partagées disent au toxicomane, à l'être aimé et au sceptique que le pire n'a pas son dernier mot.

La guérison collective se produit lorsque ces histoires résonnent dans la pièce et s'ancrent profondément en nous. C'est lorsque le père, qui avait juré de ne jamais pardonner, apprend à desserrer les poings après avoir entendu un autre père parler de pardon. C'est lorsque la femme qui se croyait trop loin se reconnaît dans une histoire et réalise qu'elle ne l'est pas. Les histoires ne résolvent pas tout. Mais elles ouvrent des portes. Elles créent des possibilités là où il n'y avait que résignation.

Créer des rythmes qui entretiennent l'espoir

L'espoir ne se nourrit pas seulement d'inspiration, il a besoin de rythmes qui le portent au quotidien. Les communautés de guérison développent des habitudes qui nourrissent les liens: des repas partagés, de petits gestes de service, se souvenir de ceux que nous avons perdus, célébrer des moments importants qui peuvent paraître anodins aux autres, mais qui sont ici cruciaux, trente jours de sobriété, une limite tenue, un appel téléphonique de réconciliation.

Ces rythmes nous rappellent que le progrès est rarement fulgurant. Il se résume souvent à un battement de cœur lent et régulier, en arrière-plan de nos vies. Des gestes simples, comme allumer une bougie pour quelqu'un en difficulté, observer un moment de silence avant un repas, envoyer un texto disant "Tu n'es pas seul", deviennent sacrés au fil du temps. Ils ancrent l'espoir, même lorsque les vagues se succèdent.

Ces ancres comptent le plus dans les tempêtes. Quand une rechute survient, quand les funérailles arrivent trop tôt, quand de vieilles blessures resurgissent et que tout semble fragile, ces petites pratiques constantes nous soutiennent. Elles nous rappellent que l'espoir ne dépend pas d'une mer calme ni d'une issue parfaite. L'espoir perdure parce que nous choisissons, encore et encore, d'être présents les uns pour les autres, de célébrer les petits miracles et de continuer à croire que même dans le chaos, la lumière perce encore.

Vision de clôture
Une table assez grande pour nous tous

Imaginez une table où nul n'a besoin de sourire pour mériter sa place. Imaginez un espace où toxicomanes, proches et réfugiés spirituels s'assoient côte à côte, où les cicatrices, les doutes, les questions et le désordre ne sont pas des handicaps, mais des signes de survie. Imaginez une pièce où nul n'a à se demander s'il a sa place, car l'appartenance est le point de départ, et non la récompense.

Le monde a soif de ce genre de table. Trop nombreux sont ceux qui attendent dehors, collés aux fenêtres, convaincus que la grâce a une liste d'invités exclusive. Trop nombreux sont ceux qui ont été refoulés par des églises qui privilégient les règles aux personnes. Trop nombreux sont ceux qui se sont entendu dire qu'ils devaient se soigner avant de pouvoir rentrer chez eux.

Et c'est exactement le portrait que Jésus dresse dans Luc 15 avec l'histoire du fils prodigue. Le cadet s'empare de son héritage, dilapide tout en menant une vie scandaleuse et coupe les ponts. Il touche le fond. Il est ruiné, affamé et seul. La peur l'empêche de rentrer chez lui, il est certain d'affronter la honte et la condamnation, mais il n'a nulle part où aller. Alors il entame le long chemin du retour. Et alors qu'il est encore loin, le père, qui représente Dieu dans l'histoire, le voit, est rempli de compassion et court vers lui. Il ne le sermonne pas et ne le punit pas. Il organise une fête. Il rassemble toute la communauté pour célébrer, car, comme il le dit, "mon fils était perdu, mais maintenant il est à la maison." Le fils n'a pas eu à le mériter. Il est simplement venu. Cet amour brisera toujours les barrières de la honte.

Et voici la vérité: la grâce n'est pas rare, et la table n'est pas petite. L'invitation est grande ouverte. Et c'est à nous, et non à une institution lointaine, ni à quelqu'un d'autre, de la construire. Cela n'arrivera pas par hasard. Il faut du courage pour risquer l'amour, pour vaincre la honte, pour choisir la connexion plutôt que le confort. Il faut du travail pour regarder un monde blessé dans les yeux et dire: "Tu appartiens à ce monde, tel que tu es."

C'est la tâche urgente et sacrée qui nous attend: créer des communautés où personne ne soit laissé pour compte. Dresser des tables suffisamment grandes pour les sceptiques, les en colère, les brisés et les courageux. Vivre comme si nous croyions réellement que l'amour est plus fort que la peur et que l'espoir est toujours vivant, même ici et maintenant.

Questions de réflexion pour le chapitre 10

Appartenance et barrières: En repensant à l'histoire d'Adam et du fils prodigue, quels obstacles vous ont empêché, vous ou un proche, de ressentir un sentiment d'appartenance? Comment une communauté d'accueil radical pourrait -elle commencer à les abattre?

Programmes vs. Présence: Réfléchissez à une époque où la présence comptait plus que des programmes soignés. Comment pouvez-vous personnellement contribuer à créer des espaces sacrés où chacun peut s'exprimer tel qu'il est sans avoir besoin de se produire?

Authenticité et confiance: Pourquoi pensez-vous que l'authenticité et la vulnérabilité sont essentielles pour instaurer la confiance? Quelles petites mesures concrètes pourriez-vous prendre pour instaurer la confiance avec une personne qui a été échaudée par la religion ou les relations?

Créer une grande table: Imaginez votre propre "grande table". Qui inviteriez-vous à s'asseoir à côté de vous, même si cela vous mettait mal à l'aise? Quels risques êtes-vous prêt à prendre pour bâtir ou participer à une communauté où personne ne serait laissé dehors dans le froid?

Chapitre 11
Espaces d'accueil radical

Quand la porte est complètement neuve
Accueillir l'inconnu

Il y a quelques années, je me tenais au premier rang d'une salle bondée, célébrant les funérailles d'un jeune homme décédé d'une overdose. L'air était lourd, d'une telle pesanteur qu'on peut la sentir dans la poitrine. Ses parents étaient anéantis. Des photos de son enfance s'alignaient sur une table au fond de la salle: des instantanés de ses uniformes de baseball, de ses sourires niais et de ses séjours de camping en famille qui lui semblaient désormais une autre vie.

Dehors, sur le trottoir, un groupe de ses amis s'était rassemblé, fumant des cigarettes comme des bouées de sauvetage. Ce n'étaient pas des critiques acharnés de l'Église ni d'anciens chrétiens en colère. La plupart d'entre eux n'avaient jamais mis les pieds dans une église. Ils ne portaient pas en eux le souvenir d'avoir été humiliés en chaire ou exclus par une congrégation. Ils portaient quelque chose de plus discret: l'incertitude. Ils ne savaient pas quoi faire, comment agir, ni s'ils avaient leur place.

Je les regardais hésiter devant les portes, l'un d'eux demandant à voix basse: "On a le droit d'entrer?" Un autre jouait avec son briquet, jetant des coups d'œil aux vitraux comme à des systèmes d'alarme. Ce n'était pas la rébellion qui les retenait; c'était la peur, la peur d'être jugés, la peur de se faire remarquer, la peur de ne pas connaître les règles tacites. Ils ne savaient pas s'ils étaient bien habillés, s'ils se lèveraient au mauvais moment, ou si quelqu'un pourrait jeter un regard noir à l'odeur de fumée sur leurs vestes.

Lorsqu'ils pénétrèrent enfin dans la salle, leurs regards parcoururent la pièce, cherchant des indices sur la conduite à tenir. Certains restèrent au fond, les épaules voûtées, comme s'ils s'excusaient d'être là. À cet instant, une dure réalité me frappa: beaucoup de réfugiés spirituels ne sont pas en colère contre l'Église, ils la connaissent simplement mal. Ils n'arrivent pas avec des bagages à déballer; ils arrivent avec des questions, des doutes et le désir ardent de pleurer leur ami sans se sentir dépaysé.

Ce jour-là m'a rappelé que l'accueil radical ne s'adresse pas seulement aux personnes brûlées par la religion. Il s'adresse aussi à ceux qui n'ont jamais franchi le seuil d'une église. Si le corps du Christ, ou toute communauté de guérison, ne peut pas accueillir des personnes comme elles, celles qui se tiennent sur le trottoir, tremblantes d'incertitude, alors nous manquons à la mission même que nous prétendons porter.

Au-delà de deux heures le dimanche
Un espace qui guérit toute la semaine

L'accueil radical ne s'arrête pas entre le chant d'ouverture et la bénédiction finale. Un espace de guérison ne se limite pas à une fenêtre de deux heures un dimanche matin; il se construit au fil des heures ordinaires de la semaine. La guérison se manifeste dans les appels téléphoniques discrets de minuit, le texto qui dit "Je pense à toi" et les éclats de rire qui traversent les larmes un mercredi après-midi.

Si les portes sont fermées, au sens propre comme au figuré, lorsque ces moments arrivent, les gens apprennent que l'église n'est pas le lieu où l'on apporte sa vraie vie. (Et pour être honnête, les réunions sont GRATUITES le samedi soir, pas le dimanche. On aime plaisanter en disant que Dieu se manifeste tout aussi puissamment le samedi et que le café est meilleur sans réveil le dimanche matin.)

Chez FREE, nous sommes ouverts toute la semaine. Notre café est ouvert au public, et c'est souvent le premier visage de notre communauté que les gens découvrent. Parfois, l'espace que nous créons est tout à fait littéral: une pièce chaleureuse et accueillante où l'odeur du café frais les accueille avant la honte. Et lorsqu'ils franchissent cette porte, c'est un pair, et non un supérieur, qui les accueille, écoute leur histoire et leur rappelle leur place. Ce petit espace concret s'inscrit parfaitement dans notre mission: briser le silence de la dépendance tout en créant un espace de guérison, de rétablissement et de connexion spirituelle.

Cette mission est notre ancre et notre filtre. Elle nous indique à quoi dire oui et à quoi dire non. Sans elle, nous risquons de remplir nos agendas d'activités qui paraissent chargées, mais qui ne guérissent pas. La clarté de la mission prévient l'épuisement professionnel et renforce la confiance. Elle vous permet de garder les pieds sur terre lorsque les opportunités ou les défis vous poussent à disperser votre énergie. Lorsque chaque rassemblement, événement ou conversation découle de la mission, la communauté ressent une cohérence et l'espoir prend racine.

Pour les responsables religieux, il ne s'agit pas seulement de multiplier les événements. Il s'agit d'aligner chaque effort, qu'il s'agisse d'un groupe de rétablissement, d'une rencontre sociale ou d'une conversation franche, sur la raison profonde d'être d'un espace où les personnes en souffrance trouvent guérison et connexion. Lorsque la mission anime cet espace, ce n'est pas seulement un événement sur un calendrier, c'est un refuge vivant qui affirme: vous n'êtes pas seul.

Unis par la mission, non par l'uniformité

L'accueil radical n'exige pas un accord sur toutes les questions religieuses, politiques ou philosophiques. Il n'exige pas que chacun voie le monde de la même manière ou récite les mêmes credo. Ce qui unit une véritable communauté, ce n'est pas l'identité, c'est la mission.

Dans les espaces de guérison, on rencontre des personnes qui votent, croient et pensent différemment. Mais si elles sont unies par une mission commune: briser le silence de la dépendance, créer des espaces de guérison et de connexion spirituelle, aimer les autres là où ils se trouvent, alors ces différences deviennent des forces plutôt que des menaces.

Cela ne signifie pas que les conversations seront toujours agréables. Des désaccords surgiront. Des questions surgiront. Parfois, elles seront blessantes.

Parfois, elles vous laisseront perplexe quant à votre place dans la même pièce. Mais c'est là le devoir sacré et difficile de la communauté: rester à la table des discussions alors qu'il serait plus facile de s'en aller. Refuser de laisser les désaccords compromettre la mission. Choisir, même dans l'inconfort, de se rapprocher les uns des autres plutôt que de s'en éloigner.

Pour les toxicomanes, leurs proches et les réfugiés spirituels, cela est d'une importance capitale. Vous savez déjà ce que l'on ressent lorsqu'on est coupé du monde, qu'on nous dit qu'on n'a pas sa place, qu'on est traité comme un problème à résoudre ou un fardeau à gérer. Le monde a suffisamment exclu. La seule voie à suivre est de marcher main dans la main vers un objectif commun, même si celui-ci est complexe. C'est ce qui rend l'espoir crédible; il n'est ni simple ni indolore. C'est un amour courageux et provocateur qui dit: "Nous ne laisserons pas les différences nous empêcher de guérir ensemble."

Lorsqu'un toxicomane en voie de guérison et un réfugié spirituel peuvent s'asseoir aux côtés d'un fidèle de longue date et que tous trois trouvent l'espoir à la même table, c'est le royaume de Dieu qui s'instaure. L'unité fondée sur la mission n'efface ni l'identité ni les convictions, elle les unit en une chose magnifique. C'est une rébellion silencieuse mais puissante contre un monde qui ne cesse de tracer des limites et d'exiger des camps. Elle dit au monde qui nous observe: on peut appartenir à ce monde avant même de croire, et même si on ne croit jamais exactement comme nous.

Questions de réflexion pour le chapitre 11

Accueillir l'inconnu: Vous êtes-vous déjà retrouvé dans un espace où vous ne saviez pas comment agir ou si vous y apparteniez? Qu'avez-vous ressenti à ce moment-là et qu'est-ce qui aurait pu vous aider à franchir le pas plus tôt?

La mission comme filtre: Comment la mission de votre communauté peut-elle guider vos choix? Comment cette clarté pourrait-elle créer des espaces de guérison plus intentionnels?

Diversité et mission: Comment avez-vous constaté que l'unité autour d'une mission commune a surmonté les différences de vision du monde ou de croyances? Quels défis et opportunités cette diversité peut-elle engendrer?

Votre rôle dans l'accueil radical: Quelle mesure concrète pouvez-vous prendre cette semaine pour offrir un accueil radical à une personne qui n'est pas familière avec les espaces spirituels ou de rétablissement?

Chapitre 12
Des pratiques qui perdurent

L'histoire d'Ethan: les petits pas sauvent des vies

Ethan était assis au bord de son matelas, celui qui avait passé trop de nuits sur trop d'étages. L'horloge de son téléphone affichait 5 h 14. Il n'avait pas beaucoup dormi, mais c'était différent des nuits où la vodka le tenait éveillé. Cette fois, c'était le poids de la sobriété. Troisième jour. Sa tête lui martelait la tête. Ses mains tremblaient. Et l'idée de la journée entière qui s'étendait devant lui lui donnait l'impression de se tenir au pied d'une montagne, sans équipement, sans carte et sans aucune chance.

Les voix dans sa tête étaient impitoyables. Tu n'y arriveras jamais. Tu as tout gâché trop de fois. À quoi bon? Il faillit attraper la bouteille qu'il avait cachée sous l'évier, mais il se souvint qu'elle n'y était plus. Il l'avait jetée la veille au soir, furieux et désespéré, puis avait pleuré en réalisant à quel point cette bouteille vide était engloutie.

Puis, à travers la panique, il se souvint de ce que le type à la réunion lui avait dit: "Commence doucement. Fais ton lit. Bois de l'eau. Appelle quelqu'un." Cela semblait ridicule. Mais il n'avait rien d'autre. Alors il tira la couverture sur le matelas, de travers et bosselée, mais terminée. Il but un verre d'eau. Puis il décrocha le téléphone et composa le numéro griffonné au dos d'un ticket de caisse.

L'homme à l'autre bout du fil répondit, groggy, mais sa voix s'adoucit en entendant les tremblements d'Ethan. "Tu as bien fait de m'appeler", dit-il. "C'est comme ça que ça commence." Ethan n'avait pas l'impression que quoi que ce soit commençait. Il se sentait brisé, honteux et épuisé. Mais un fil d'espoir, infime, presque invisible, se frayait un chemin à travers le désespoir. Il n'avait pas à gravir toute la montagne aujourd'hui. Il devait juste franchir la prochaine étape.

Ce matin-là ne ressemblait pas à un triomphe. Il n'y eut ni feu d'artifice, ni transformation instantanée. Mais c'était un début, et les débuts, aussi petits soient-ils, ont le don de sauver des vies.

Développer des habitudes saines qui fonctionnent pour vous

Le rétablissement et la croissance spirituelle reposent rarement sur des avancées spectaculaires. Ils reposent sur de petites habitudes constantes qui vous ancrent lorsque tout le reste semble instable. On nous fait croire que la transformation doit être spectaculaire ou immédiate, un moment viral, une prière parfaite, une expérience unique qui résout tout. Mais c'est un mensonge qui bloque trop de gens.

En réalité, pour créer des habitudes durables, il faut trouver ce qui fonctionne réellement pour soi, et non ce qui a fonctionné pour son voisin ou l'influenceur sur les réseaux sociaux. Certains trouvent leur équilibre dans la prière du matin ou la lecture des Écritures. D'autres le trouvent dans la méditation silencieuse, la tenue d'un journal ou une promenade dans le quartier au coucher du soleil. Peut-être s'agit-il de musique, d'exercices de respiration ou de se retrouver chaque semaine avec quelques amis de confiance pour avouer le désordre. La forme importe moins que la constance et l'authenticité.

Pour les réfugiés spirituels, c'est encore plus important. Vous n'êtes pas obligé d'hériter des pratiques d'une tradition qui vous a blessé. Vous n'êtes pas obligé d'allumer les mêmes bougies ou de réciter les mêmes paroles si elles vous semblent des chaînes plutôt que des bouées de sauvetage. Vous êtes libre de développer des habitudes qui vous connectent à ce qui a du sens et qui guérit. L'objectif n'est pas de reproduire la formule d'autrui, mais de créer un espace où votre âme peut respirer.

Les habitudes saines sont plus que des cases à cocher, ce sont des bouées de sauvetage. Elles vous ramènent à l'essentiel lorsque le chaos de la vie menace de vous emporter. Elles vous apprennent que se montrer présent est important, même quand on n'en a pas envie. Avec le temps, ces rythmes créent de la stabilité là où il y avait auparavant une crise. Ils reprogramment lentement votre esprit pour qu'il y ait de l'espoir. Une bonne habitude peut être ce qui vous permet de rester sobre les mauvais jours, le fil qui vous relie à la communauté lorsque la honte vous pousse à vous isoler, ou le moment qui vous rappelle que Dieu est toujours là.

Voici quelques habitudes à prendre en compte lorsque vous construisez le vôtre:

Pratique de la gratitude: écrivez trois choses pour lesquelles vous êtes reconnaissant chaque jour, même les jours où la gratitude semble impossible.

Contrôle quotidien: envoyez un SMS ou appelez un ami ou un mentor de confiance pour partager honnêtement comment vous vous en sortez.

Réflexion silencieuse ou prière: Réservez cinq minutes pour respirer, réfléchir ou parler à Dieu, même si tout ce que vous pouvez dire est "aide-moi".

Écriture ou lecture sacrée: Lisez un court passage de l'Écriture ou un autre texte significatif, non pas comme une corvée mais comme une nourriture.

Actes de gentillesse: faites un petit acte de gentillesse intentionnel chaque jour, même si personne ne le remarque.

Mouvement: Promenez-vous, étirez-vous ou faites un exercice simple pour reconnecter votre corps et votre esprit.

Bilan de fin de journée: Avant de vous coucher, faites une pause pour remarquer un moment où la lumière a percé, aussi petite soit-elle.

Souvenez-vous de l'histoire d'Ethan: ce n'est pas un grand geste qui l'a sauvé, mais un lit mal fait, un verre d'eau et un coup de fil. De petits gestes comme ceux-ci peuvent sauver des vies.

Et voilà le problème: vos habitudes peuvent changer avec le temps. Ce qui vous ancre pendant la première année de rétablissement peut ne plus vous servir la cinquième. Ce n'est pas grave. L'important est de persévérer, d'expérimenter et de vous accorder de la patience. Même les petites habitudes imparfaites sont des actes de résistance au désespoir. Elles prouvent que votre vie mérite qu'on s'y intéresse.

Servir les autres comme pratique spirituelle

Il arrive un moment dans le rétablissement et la croissance spirituelle où se tourner vers l'intérieur ne suffit plus. La guérison commence en soi, mais elle ne s'arrête jamais. Servir les autres n'est pas seulement un petit plus ou une case à cocher, c'est une bouée de sauvetage qui vous maintient ancré et vous rappelle que votre souffrance peut devenir un sens.

Servir permet de briser l'égocentrisme, cette voix intérieure qui vous dit que tout est désespéré ou que tout tourne autour de vous. Lorsque vous servez un café à quelqu'un, proposez de vous raccompagner, nettoyez une salle de réunion ou demandez simplement à quelqu'un comment il va vraiment, vous affirmez que votre histoire ne se résume pas à vos blessures. Vous dites: "Je fais partie de quelque chose de plus grand."

Chez FREE, on nous demande constamment des opportunités de bénévolat. Les gens ne se présentent pas pour servir par aspiration à la reconnaissance ou par désir d'être salués. Ils se présentent parce qu'ils savent ce qui est en jeu. Ils savent que servir les autres est le moyen de sortir de leur propre égo, de faire taire la honte. Un murmure qui dit qu'ils ne comptent pas. Ils savent que c'est une des choses qui les maintient sobres. J'ai vu des personnes en début de rétablissement essuyer des tables, empiler des chaises ou accueillir de nouveaux arrivants au café, et j'ai vu la lumière revenir dans leurs yeux lorsqu'ils ont réalisé: "C'est important … Je compte."

Le service nous permet de sortir de nous-mêmes. Il brise l'illusion que notre douleur ou notre situation est entièrement unique. Il nous rappelle notre lien commun, que nous portons tous des blessures, que nous avons tous besoin les uns des autres et qu'aucun de nous n'est irrécupérable. Le service nous sort de l'isolement et nous réintègre dans la famille humaine où la grâce est vivante et agissante.

Servir les autres nous sauve réellement. Il ne s'agit pas de soigner sa réputation ou de gagner la faveur de Dieu, mais de laisser la grâce agir en nous. C'est une pratique spirituelle qui approfondit notre chemin, recentre nos priorités et guérit des blessures dont nous ignorions l'existence.

Jésus a parfaitement illustré cela. Il a lavé les pieds sales de ses amis, touché ceux que d'autres évitaient et nourri des foules sans demander de justification. Il n'a pas utilisé le service comme une preuve de mérite; il l'a utilisé comme un moyen de communiquer son amour. Quand nous servons, nous faisons écho à cet amour radical.

Servir n'a pas besoin d'être glamour. Il n'a pas besoin d'être grandiose. Cela peut consister à ramasser des chaises après une réunion, à envoyer un message d'encouragement à quelqu'un en difficulté, ou à offrir une oreille attentive sans jugement. Et voici le secret: en servant, on finit souvent par être celui qui guérit un peu plus.

Un marathon, pas un sprint
Pas de ligne d'arrivée dans la guérison ou la foi

Si vous cherchez une solution miracle, la guérison vous brisera le cœur. La foi aussi. Aucune de ces deux options n'offre de médailles pour une assiduité parfaite ni de ligne d'arrivée où vous pourrez enfin dire: "J'y suis arrivé." La vie spirituelle et le cheminement vers la guérison sont des marathons sans fin: ce sont des chemins de toute une vie, en constante évolution.

Cette vérité peut être frustrante, surtout lorsqu'on est épuisé. On aspire à des étapes clés qui prouvent qu'on a "fini", qu'on a vaincu le chaos. Mais la réalité, c'est qu'il n'y a pas de point d'arrivée où la vie devient soudainement indolore ou sans effort. Il y a des portions de route où l'on se sent fort, et il y aura des collines qui semblent interminables. Certains jours, on a l'impression de sprinter; d'autres, on avance à peine. Les deux comptent. Avancer, c'est avancer.

Pour les toxicomanes, leurs proches et les réfugiés spirituels, c'est libérateur si vous le laissez faire. Vous n'avez pas à vivre sous la pression de la perfection ni à craindre qu'un faux pas ne vienne anéantir vos progrès. Rechute, doute ou revers ne vous disqualifient pas, ils vous rappellent que la course est toujours en cours et que vous y êtes toujours. Il n'y a pas de tableau d'affichage, pas de médailles décernées pour l'histoire la plus irréprochable. L'important est de persévérer, une étape après l'autre. Et lorsque vous persévérez, quelque chose de puissant se produit: vous commencez à transmettre le don. Un principe fondamental du rétablissement nous enseigne que pour conserver le don, il faut le donner. Votre présence, votre histoire et votre volonté de servir deviennent des bouées de sauvetage pour ceux qui doutent encore de la réalité de l'espoir. Chaque fois que vous vous présentez, que ce soit pour servir un café, faire un câlin ou simplement écouter, vous entretenez votre propre espoir en le semant chez quelqu'un d'autre.

Pensez au coureur de fond: il prend son temps, s'hydrate et se repose quand il le faut. Il ne s'épuise pas à sprinter sur toute la distance. De même, il n'est pas nécessaire de "gagner" en récupération ou en spiritualité, il suffit de rester concentré. Célébrez les petites victoires: le jour où vous avez choisi de tendre la main au lieu de vous isoler, le moment où vous vous êtes pardonné un peu plus vite, la limite que vous avez maintenue même dans la douleur.

Et voici la grâce dans tout cela: Dieu marche à vos côtés dans ce marathon. Même lorsque vous doutez, même lorsque vous êtes en colère ou engourdi, même lorsque vous rampez à quatre pattes, vous n'êtes pas seul sur le parcours. L'espoir ne vous attend pas à la ligne d'arrivée, il court à vos côtés en cet instant.

Questions de réflexion pour le chapitre 12

Petits débuts: Pensez à l'histoire d'Ethan: faire son lit, boire de l'eau et passer un coup de fil. Quelle petite habitude simple pourriez-vous adopter aujourd'hui pour vous ancrer lorsque la vie vous semble accablante?

Habitudes qui vous ancrent: Quelles pratiques, spirituelles ou pratiques, vous ont aidé à vous sentir ancré dans le passé? Y a-t-il des habitudes que vous avez évitées par peur, honte ou expériences passées avec la religion? À quoi pourrait ressembler pour vous l'expérimentation de nouvelles habitudes ou de nouvelles habitudes?

Servir, c'est survivre: Réfléchissez à une fois où aider quelqu'un a changé votre perspective ou apaisé votre douleur. Comment le fait de vous engager pour servir, même modestement, pourrait-il vous aider à guérir aujourd'hui?

Mentalité marathonienne: Où êtes-vous tenté de chercher une ligne d'arrivée dans votre rétablissement ou votre cheminement spirituel? Que signifierait considérer cela comme un marathon plutôt qu'un sprint, et persévérer même lorsque les progrès semblent lents ou incertains?

Chapitre 13
Rester dans le jeu sur le long terme

Le long arc de la guérison

Caleb n'avait pas prié depuis quinze ans. Pas depuis le soir où il était sorti d'une réunion au sous-sol d'une église et avait juré de ne plus jamais mettre les pieds dans un lieu religieux. Trop de promesses non tenues, trop de regards en coin, trop de sermons qui ressemblaient à des accusations. La foi, pour Caleb, était un jeu pour ceux qui faisaient semblant mieux que lui.

Mais l'addiction a tendance à dépouiller. Après une nouvelle rechute, une autre perte d'emploi et un autre ami qui ne répondait plus aux appels, Caleb s'est retrouvé un mardi soir à une réunion de rétablissement, essayant de ne regarder personne dans les yeux. La salle était bruyante, les rires et les tasses de café s'entrechoquaient, mais le bruit lui semblait étranger. Au moment de partager, une femme, de l'autre côté du cercle, a parlé avec une honnêteté que Caleb ne reconnaissait pas. Elle n'a pas édulcoré sa douleur. Elle n'a pas fait semblant d'avoir tout compris. Elle a dit: "J'en avais fini. Complètement fini. Mais la grâce m'a rencontrée là où je ne l'attendais pas. Ce n'était pas la grâce de sermons soignés ou de personnes parfaites. C'était la grâce d'un appel téléphonique à minuit et d'un inconnu qui m'a dit: 'Tu n'es pas seul.'"

Quelque chose s'ouvrit en Caleb. Ce n'était ni une lumière aveuglante ni une voix tonitruante venue du ciel. C'était petit, comme une porte qui grince après des années de blocage. Il ne pria pas ce soir-là, mais il resta après la réunion pour aider à empiler les chaises. Et quand on l'invita à prendre un café le lendemain matin, il accepta, même si toute son âme avait envie de courir. Ce café mena à une autre réunion, qui aboutit à une soirée où Caleb, pour la première fois depuis des années, murmura une prière maladroite et maladroite.

Caleb ne trouva pas de religion ce soir-là. Ce qu'il trouva, c'était une lueur de foi, le sentiment que Dieu ne l'avait peut-être pas quitté après tout. La guérison était devenue la porte d'entrée vers une connexion spirituelle qu'il pensait avoir brûlée à jamais. Ce n'était ni net ni instantané. Mais c'était réel. Et réel, c'était suffisant pour prendre un nouveau départ.

L'histoire de Caleb n'est pas unique. C'est le miracle silencieux qui se produit chaque jour dans les salles de réveil, les cafés et les conversations chuchotées. Le long chemin de la guérison ressemble rarement à une ligne droite. Il ressemble plutôt à des gribouillis sur une page, des progrès mêlés d'échecs, des larmes mêlées de rires, des moments de grâce cachés au cœur de journées ordinaires. La guérison est un processus complexe, et pourtant, c'est dans ce chaos que l'espoir continue de percer.

Trop souvent, nous imaginons le rétablissement ou la croissance spirituelle comme une série d'étapes claires: devenir sobre, trouver la foi, se remettre des dégâts et vivre heureux pour toujours. Mais la vie ne se déroule pas comme un récit simple et précis. Le long cheminement vers la guérison s'étend sur des années, voire des décennies. Il y aura des périodes où la foi sera vive et vibrante, et d'autres où elle sera silencieuse. Il y aura des périodes où la sobriété sera stable, et d'autres où la tentation murmurera plus fort que jamais.

Ce qui fait la différence, ce n'est pas la perfection, mais la persévérance. Guérir, ce n'est pas ne jamais tomber, c'est refuser de rester à terre. C'est empiler des chaises quand on préfère courir, répondre au téléphone quand on a honte, réciter des prières maladroites quand on n'est plus sûr de croire. Le long arc, c'est se montrer présent encore et encore, confiant que même les petits actes de courage s'accumulent et se transforment.

Pour les toxicomanes, leurs proches et les réfugiés spirituels, cette vérité est importante. Peut-être traversez-vous une période de sécheresse où Dieu vous semble lointain. Peut-être renouez-vous avec la confiance après une rechute ou des années de doutes. Peut-être avez-vous complètement abandonné la foi et venez tout juste de franchir à nouveau la porte. Vous n'êtes pas disqualifié. Le long chemin de la guérison est suffisamment long pour accueillir votre histoire.

Ce long arc nous rappelle également que la grâce n'est pas une transaction ponctuelle, mais un compagnon permanent. Le Dieu qui a accueilli le fils prodigue alors qu'il était encore loin est le même Dieu qui attend, marche et murmure à chaque rechute, chaque larme et chaque retour hésitant. La grâce n'exige pas que vous ayez tout sous contrôle. Elle vous demande simplement de continuer à progresser, même les plus petits, vers la connexion avec Dieu, avec vous-même et avec les autres.

Prendre son rythme
Éviter l'épuisement professionnel et l'isolement

Le burn-out est l'un des tueurs silencieux du rétablissement et de la foi. Il ne se manifeste généralement pas brutalement, mais s'installe lentement. Il se manifeste par un épuisement insurmontable, du ressentiment envers ceux qu'on essaie d'aimer, ou le murmure que tout cela n'a plus d'importance. Lorsqu'on est épuisé, l'isolement devient tentant. Se retirer semble plus sûr que risquer une nouvelle déception.

Mais l'isolement est un terrain dangereux. L'addiction, le désespoir et la honte prospèrent dans l'obscurité. Quand on s'éloigne trop des liens, les vieux mensonges se font plus forts: on est seul. Tout le monde s'en fiche. On ne changera jamais. Se modérer n'est pas une faiblesse; c'est de la sagesse. C'est savoir qu'on ne peut pas résoudre tous les problèmes, sauver tout le monde ou assister à tous les événements sans finir par se briser.

Chez FREE, nous parlons beaucoup d'équilibre. Il est tentant, surtout après un premier élan d'espoir, de se jeter sur chaque opportunité, de servir à chaque rassemblement, de répondre à chaque appel et d'être celui qui ne dit jamais non. Mais se dépasser nuit à la mission et à sa propre guérison. Des limites saines ne sont pas égoïstes; elles sont sacrées. Elles vous permettent de rester présent sur la durée.

Se ménager, c'est aussi instaurer des rythmes de repos. Trouvez des moments pour respirer, rire et faire des choses qui vous ressourcent. Dites à un ami de confiance ou à un mentor quand vous êtes à bout de souffle. Contactez -le avant que l'épuisement ne se transforme en spirale. Se reposer ne signifie pas abandonner; cela signifie se rappeler que vous êtes humain.

Et quand vous ressentez le besoin de vous isoler, quand la honte vous dit que vous êtes trop brisé ou trop fatigué, résistez à l'envie de disparaître. Le moment même où vous avez envie de vous retirer est celui où vous avez le plus besoin de communauté. Continuez à être présent, même si c'est imparfaitement. Même si tout ce que vous pouvez faire, c'est vous asseoir tranquillement sur une chaise et écouter.

Le transmettre
Porteurs d'espoir dans un monde en souffrance

L'une des vérités les plus profondes du rétablissement est la suivante: pour conserver le don, il faut le donner. L'espoir ne se laisse pas accumuler. Il grandit lorsqu'on le partage. Quand on a traversé l'obscurité et trouvé ne serait-ce qu'une lueur d'espoir, on porte en soi quelque chose dont le monde a désespérément besoin.

Transmettre l'espoir ne nécessite ni une chaire ni une histoire parfaite. Cela ne signifie pas avoir toutes les réponses ni un témoignage impeccable. On le trouve dans des choix discrets: prendre le téléphone pour prendre des nouvelles de quelqu'un, s'asseoir à côté d'un ami lors d'une réunion, ou simplement dire la vérité sur ses propres cicatrices. Parfois, le sermon le plus puissant est celui d'une voix tremblante qui dit: "Moi aussi. Je suis passé par là."

Chez FREE, j'ai vu des gens qui juraient autrefois n'avoir rien à offrir devenir ceux-là mêmes qui unissent les autres. Un homme qui se croyait irrécupérable se tient désormais à la porte chaque semaine pour accueillir les nouveaux arrivants. Une femme qui se détestait autrefois prépare maintenant le café qui alimente nos conversations. Aucun d'entre eux ne cherchait à devenir des héros; ils se sont simplement présentés, encore et encore, et ont laissé la grâce opérer dans leurs actions ordinaires.

Ce genre de transmission n'est pas glamour. Cela ne fera pas la une des journaux ni ne suscitera d'applaudissements. Mais c'est ce qui maintient les communautés en vie. C'est ce qui brise le cycle du désespoir. En vous montrant présent pour quelqu'un, vous lui rappelez, et vous vous rappelez à vous-même, que l'espoir est réel.

Et aux proches des personnes dépendantes: votre histoire compte tout autant. Les nuits passées à fixer le plafond, les prières murmurées à travers les larmes, les limites que vous avez fixées même lorsque votre cœur était brisé, tout cela n'est pas vain. Il y a une autre mère, un autre frère ou un autre partenaire qui se sent tout aussi impuissant, tout aussi en colère, tout aussi honteux. En disant votre vérité, vous leur offrez une bouée de sauvetage. Vous leur rappelez qu'ils ne sont pas seuls, que leur douleur n'est pas la preuve d'un échec et que l'amour, même meurtri et meurtri, peut être une force de guérison. Votre solidarité avec d'autres proches peut être ce qui les aide à tenir le coup lorsque le poids leur paraît insupportable.

Le monde est lourd de divisions, de désespoir et de vacarme. Les toxicomanes, leurs proches et les réfugiés spirituels le savent mieux que quiconque. Mais lorsque nous choisissons d'être porteurs d'espoir, lorsque nous apportons de la bienveillance là où règne le jugement, de la présence là où règne l'abandon et de l'honnêteté là où règnent les mensonges, nous devenons la preuve qu'une autre voie est possible.

Vos cicatrices peuvent devenir le guide de survie de quelqu'un d'autre. Votre histoire, imparfaite et inachevée, pourrait bien être ce qui maintient une autre personne en vie ce soir. Vous n'avez pas à les réparer. Vous n'avez pas à les sauver. Vous devez simplement vous montrer présent et offrir ce qui vous a été offert autrefois: l'assurance que personne n'a à marcher seul.

Vision de clôture
L'épave et l'émerveillement

Regardez autour de vous, ce monde est en désordre. L'addiction laisse des ruines sur son passage: des familles brisées, des comptes en banque vides, une confiance brisée et une honte silencieuse cachée derrière des sourires polis. Les communautés religieuses ont elles aussi leurs propres ruines, des blessures infligées par le jugement, l'exclusion et le silence. Le désordre est indéniable. Mais l'émerveillement est là aussi. Il réside dans le fait que, même au milieu des décombres, les gens continuent de se tendre la main. Ils continuent d'être présents, même blessés et effrayés. Ils continuent de choisir l'amour plutôt que l'amertume, la grâce plutôt que la honte, et la connexion plutôt que l'isolement.

L'émerveillement se manifeste dans le cercle de personnes se tenant la main lors d'une réunion, dans une accolade offerte à quelqu'un qui se croyait intouchable, dans une tasse de café partagée entre deux personnes qui hier encore se connaissaient. C'est dans l'instant où quelqu'un murmure: "Moi aussi", et où une autre personne réalise qu'elle n'est ni folle, ni seule, ni irrécupérable.

Les décombres n'ont pas le dernier mot. La grâce, la compassion, la communauté, Dieu. Le Dieu qui court pour accueillir l'enfant prodigue court encore vers nous, vers vous, en ce moment même. Et Dieu n'attend pas que vous vous purifiiez ou que vous perfectionniez votre théologie. Il vous rencontre au milieu des décombres et vous met au défi de croire que l'émerveillement est à nouveau possible.

Ceci est une invitation: continuez à être présents. Continuez à dire la vérité. Continuez à bâtir des communautés où personne n'a à cheminer seul. Choisissez les petits pas qui mènent au lien. Soyez celui qui rappelle à quelqu'un que le désespoir ne domine pas l'avenir. Car l'émerveillement n'est pas loin, il est là, disséminé parmi les décombres, attendant que nous le remarquions.

Questions de réflexion pour le chapitre 13

Le long arc de guérison: à quel moment de votre vie devez-vous accepter la nature lente, désordonnée et continue de la guérison au lieu d'exiger des résultats instantanés?

Épuisement professionnel et équilibre: Comment pourriez-vous mieux gérer votre stress pour éviter l'épuisement professionnel ou l'isolement? À qui pourriez-vous vous adresser pour obtenir du soutien?

Transmettre l'espoir: Qui dans votre vie pourrait avoir besoin d'entendre votre histoire, non pas comme un discours soigné, mais comme une bouée de sauvetage de solidarité et de grâce?

Choisir l'émerveillement dans les décombres: Lorsque vous regardez les endroits brisés autour de vous, où pouvez-vous également voir de l'émerveillement, de petits signes de grâce et de connexion qui vous invitent à continuer?

www.ingramcontent.com/pod-product-compliance
Lightning Source LLC
LaVergne TN
LVHW051103080426
835508LV00019B/2047